思考力を育てる 実践！ 発表プロジェクト

後藤倫子 著

にほんごの凡人社

はじめに

　この本を手にとってくださり、ありがとうございます。

　この教材は日本語レベル上級以上の学習者を意識しています。（カバー・表紙にも表示してある通り、中級から使うことも可能です）学習者にすでに蓄積されている多くの日本語の知識とその運用力、そして本来備わっている言語運用力以外の知識の融合を、タスクを通して磨いていってほしいという願いを込めて作りました。

　日本語レベル上級以上のクラスでは長年感じることが多くありました。暗記は得意で語彙力もあり文型もよく理解しているのに、文章を書くと光るものが感じられない学習者。発話の内容はおもしろく、いい考えを多く持っているのに、それを文字化するとうまくまとめられない学習者。原稿はすばらしい内容なのに口頭による発表でそのよさが伝えきれない学習者。そして課題を与えられると、自分で考えるよりも先に、スマホを手にする学習者……。これらは学習者の出身地域や学習・文化的背景によって多少異なるものの、多くの学習者に共通しているのが、「豊富な知識を使いこなせていない」「不得手な部分を克服する機会がない」、そして「考えない」あるいは「考え方を知らない」ということでした。つまり、上級レベルまで到達している学習者の多くは、知識の引き出しの整理が追いつかず、適所に産出できないもどかしさを抱えているのです。進学・就職に向けて試験対策に余念がなく、自分の不得意な部分と向き合う時間もなかなかとれません。小論文では妥当な意見文が書けても、インターネットなど安易に答えを探せる媒体が近くにあるため、時間をかけて物事を感じたり考えたりする機会もありません。これらのことを感じたとき、日本語レベル上級者にこそ、いわゆる読解・聴解・文章表現クラスなどとは異なる切り口で総合的に言語運用力と既存の知識を統括し、さらに少し時間をかけて繰り返し練習できる場と思考力を育む授業が必要なのではと思うようになりました。

　この教材は、学習者の多くが持っている「学習した＝知っている」の概念を覆し、協働を通じてともに考え、学び、刺激し、気づきを提供します。作成したタスクはクラスで披露し、批評し合い、その後で手直ししたタスクをもう一度披露することで表現力の総合的な上達をめざします。タスクを通じて日本語運用力や語学感覚を磨き、自由に感じたり考えたりする楽しさを体験し、それをあらゆる形（文字化、文章化、音声化、イラスト化、映像化……）に可視化し表現しながら、物事を思考する能力の基礎を体験できる構成になっています。

　この教材の作成はTAE理論を基盤としています。（理論の詳細は以下の参考文献をご覧ください）TAE (Thinking at the Edge) はジェンドリン (Eugene T. Gendlin) が開発した理論構築法です。「うまくことばに表現できないけれど、体にある感覚を、ほかの人たちに伝わるように言語化していく」という基本的な考え方に大きく影響を受けました。各課のタスクを通じて知識の生成

を行い、うまくできなかったことを繰り返すことで克服し、自分の考えを言語化することにつなげていってほしい。学習者が進学後の授業で、あるいは就職後の職場で、自ら考えて自分自身の意見を構築できるようになるために役立つ教材であってほしいと願っています。

参考文献

赤木浩文・内田紀子・古市由美子 (2010).『毎日練習！ リズムで身につく日本語の発音』スリーエーネットワーク.

小柳かおる (2005).『日本語教師のための新しい言語習得概論』スリーエーネットワーク.

斎藤仁志・深澤道子・酒井理恵子・中村雅子・吉本惠子 (2010).『シャドーイング日本語を話そう 中〜上級編』くろしお出版.

三森ゆりか (2003).『外国語を身につけるための日本語レッスン』白水社.

三森ゆりか (2006).『外国語で発想するための日本語レッスン』白水社.

末武康弘・諸富祥彦・得丸智子・村里忠之 (2016).『「主観性を科学化する」質的研究法入門 TAE を中心に』金子書房.

得丸さと子 (2008).『TAE による文章表現ワークブック』図書文化.

得丸さと子 (2010).『ステップ式質的研究法：TAE の理論と応用』海鳴社.

中川千恵子・中村則子 (2010).『初級文型でできる にほんご発音アクティビティ』アスク出版.

中川千恵子・中村則子・許舜貞 (2013).『さらに進んだスピーチ・プレゼンのための日本語発音練習帳』ひつじ書房.

西隈俊哉 (2009).『大学・大学院留学生のための やさしい論理的思考トレーニング』アルク.

レベッカ L. オックスフォード (1994). 宍戸通庸・伴紀子 (訳).『言語学習ストラテジー 外国語教師が知っておかなければならないこと』凡人社.

Heydorn, W., & Jesudason, S. (2013).『TOK（知の理論）を解読する〜教科を超えた知識の探求〜』Z 会.

Ritchhart, R., Church, M., & Morrison, K (2011). *Making Thinking Visible*. Jossey-bass.

目次 CONTENTS

はじめに　iii
本書の使い方　vi
　1. 全体の構成　vi
　2. 各課の構成　vii
　3. タスク体験　簡単な本を作る　ix

基本編　「感じる」「考える」を体験するタスク　1
　第1課　絵を読む　3
　第2課　詩を描く　17
　第3課　映画をみる　31

初級編　「考える」を広げるタスク　45
　第4課　日程表を作る　47
　第5課　防災マニュアルを創る　61

中級編　「考えた」を伝えるタスク　75
　第6課　ニュースを伝える　77
　第7課　紹介動画を制作する　91

上級編　ゼロから創り、生み出すタスク　107
　第8課　商品を売り込む　109
　第9課　新キャラを生み出す　123

応用編　「むずかしい」をわかりやすく伝えるタスク　139
　第10課　専門分野をわかりやすく説明する　141

本書の使い方

　全課を通じて、「はじめの一歩」は、まず自分だけで考えてみてください。スマホ、パソコン、辞書は使わず、自分の中にあるさまざまな情報や記憶を駆使してみます。これを習慣化してください。「やってみよう」もまずは自分で考え、その後、調べたり話し合ったりしてタスクを進めてください。

　15名以下のクラスを想定し、発表の準備時間、発表2回分を含めた1課にかける時間の目安を次の一覧表に記しました。発表の準備を授業時間外に行えば、授業時間を短縮できますが、「2．詩を描く」の「やってみよう」のような、どうしてもインターネットを使わせたくないタスクなどは、発表原稿作成も授業時間内に行うことをお勧めします。

　内容は第1課から順番に、徐々にむずかしくなるように並べてあります。しかし、興味のある課を選んでいただいてももちろん構いません。通常の授業期間内で余裕のあるときや急に空いてしまった数時間に、授業の流れを変えたいとき、特別授業などに使っていただければ幸いです。

1. 全体の構成

全部で10課あり、それぞれ以下のようになっています。タスク作成時間の目安は「やってみよう」を指しています。

			授業時間の目安 (含タスク作成時間)	タスク作成時間の目安
基本編	「感じる」「考える」を体験するタスク			
1	絵を読む		4時間	2時間
2	詩を描く		5時間	1.5時間
3	映画をみる		8時間	4時間（含映画鑑賞）
初級編	「考える」を広げるタスク			
4	日程表を作る		7時間	3時間
5	防災マニュアルを創る		8時間	3時間
中級編	「考えた」を伝えるタスク			
6	ニュースを伝える		6時間	2時間
7	紹介動画を制作する		8時間	4時間
上級編	ゼロから創り、生み出すタスク			
8	商品を売り込む		7時間	3時間
9	新キャラを生み出す		6時間	4時間
応用編	「むずかしい」をわかりやすく伝えるタスク			
10	専門分野をわかりやすく説明する		6時間	3時間

2. 各課の構成

各課のとびら

各課の「やってみよう」で扱うタスクのタイトルです。次のページに進む前に、自分なりにどんなタスクなのか想像してみてください。

はじめの一歩

ここで大切なのは、「自分で考える」ことです。スマホや辞書類はカバンにしまって使わないようにしてください。また、自分なりの答えを導く前にヒントは読まないでください。どうしてもわからない場合はヒントを見ます。質問に答えるうちに、タスクをどのように見たり考えたりすればいいのか、自分なりに理解します。

考えよう

「はじめの一歩」のタスクを通して見えたこと、考えの方向性などを自分なりに考えます。その際、辞書やインターネットでの検索は禁止です。まずは自分だけで考えます。その後、クラスで意見交換をします。「なぜ」と考えたことがない学習者もここでクラスメートから刺激を受けて、どう考えたらいいのか、何が考えるということなのかを意識しはじめます。話し合ううちに、自分の考えが整理されていくのがねらいです。話し合いの進め方はクラス単位で、小グループに分かれて、ペアで……とさまざまな形で行えます。

整理しよう

「やってみよう」を行う上で大切なことを整理します。タスクの進め方や考え方がすでにいくつか記してあります。教師による講義、動画鑑賞、クラスでの話し合いなどから見つけた大切なポイントは、さらに書き加えていきましょう。

わかったこと

「考えよう」で自分が考えたこと、他者の発言からヒントを得たもの、教師の説明などから参考になると思う事柄を自分なりにまとめます。

やってみよう

「わかったこと」までで理解したことを、今度は自分（自分たち）の力でやってみます。ヒントはありません。自分（自分たち）の力でタスクに挑戦しましょう。

まとめよう
「やってみよう」のタスクを通して学んだことをまとめ、タスクに取り組んだ方法を振り返ります。ここには二つの振り返りがあります。一つは作成した原稿や資料に自分（自分たち）の工夫が反映できたか、もう一つは、それがうまく発表できたかの振り返りです。聞き手（／読み手）からの評価もありますが、自分自身で自分（自分たち）のタスクを振り返ります。できれば、発表は2回行うことをお勧めします。タスクを終えたあと、自分なりに体得したこと、理解したことなどの気づきを、今後のためにメモしておきます。

最後に…
課全体のまとめです。タスクを通じて自分（自分たち）の日本語や考え方が聞き手（／読み手）に伝わったかを自己評価します。

はじめの一歩のヒント
「はじめの一歩」の答えの一例です。答えは一つではありません。このように考えればいいのだという指針として参考にしてください。

考えようのヒント
「考えよう」の答えの一例です。答えは一つではありません。このように考えればいいのだという指針として参考にしてください。課によって上級レベルと中級レベルの解答例を設けています。

わかったことのヒント
「わかったこと」の答えの一例です。答えは一つではありません。このように考えればいいのだという指針として参考にしてください。

3. タスク体験

それでは実際のタスクを始める前に、ウォームアップとして本編にはないタスクを一つ体験してみましょう。先生方もぜひご自分で考えてみてください。（このタスクシートは http://www.bonjinsha.com/wp/shikooryoku からダウンロードできます。）

第 ○ 課

各課の「やってみよう」で扱うタスクのタイトルです。次のページに進む前に、自分なりにどんなタスクなのか想像してみてください。

簡単な本を作る

空いているところに今の時点で感じたことや気になること、疑問点などがあれば記しておきます。のちのタスクに役立つアイデアがあるかもしれません。

はじめの一歩

1. あなたがクラスで自己紹介をするとしたら、どんなことを言いますか。クラスを意識して思い浮かんだことばを書いてみましょう。

> まず設問を読んで、自分だけで考えてください。模範解答はありません。スマホや辞書は使わず、今の自分が持っている力で行ってみましょう。

―― どうしてもわからないときは p.xvi はじめの一歩のヒントへ ――→

2. 1.を参考にして、あなたの紹介を4コマにかきましょう。

①	②
③	④

> 体から出てくることばを自由に書きとめます。大きく、小さく、並べて、無造作に……。どんな書き方でもかまいません。付箋紙に書いて貼ってもいいでしょう。

―― どうしてもわからないときは p.xvi はじめの一歩のヒントへ ――→

> どうしても考えが浮かばない場合は、p.xvi の「はじめの一歩のヒント」を見てみましょう。

考えよう

1. できた作品を周りの人と見せ合ってください。感じたことをメモしておきましょう。

> 自分とまったく異なる作品を目にするでしょう。そこで、まねしたいと思ったものやおもしろいと思ったことなど、そのとき感じたことをメモしておきましょう。p.xvi の「考えようのヒント」も参考にしてください。

—— どうしてもわからないときは p.xvi 考えよう のヒントへ ——→

整理しよう

- 各コマに何を振り分けて書くのか、まずその項目を整理する
- 文字だけでもいい、絵を描いてもいい
- 話の内容にまとまりがあればいろいろな表現方法がある

> 空いているところにさらに気づいたことなどを記しておきましょう。

わかったこと

自分の考え、ほかの人の意見から、参考になると思うことをまとめておきましょう。

> 「はじめの一歩」「考えよう」「整理しよう」で自分が考えたこと、他者の発言でヒントを得たものなど、参考になると思うことを自分なりにまとめます。

―― どうしてもわからないときは p.xvi **わかったこと**のヒントへ ――→

> どうしても考えが浮かばない場合は、p.xvi の「わかったことのヒント」を見てみましょう。

やってみよう

あなたが紹介したい偉人について 6 ～ 8 ページの簡単な本を作ってください。コマ割りのメモ（アウトライン）を下記に作成し、清書は別の用紙を準備して作成してください。そして、完成した本をクラスで読み合いましょう。

> 「わかったこと」までで理解したことをふまえ、今度は自分（自分たち）だけでやってみます。各課の中心となるタスクです。

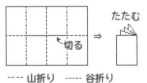

用紙は A3 など大きめのものを一枚用意します。それを 8 つに折り、一部分に切り込みを入れて折り本を作ります。本の体裁に整え、それに清書をして作成します。

> ここからはヒントなしでタスクを行ってみましょう。
> 解説・解答例は p.xvii にあります。

xiii

まとめよう

1. 「簡単な本をつくる」ことについてまとめましょう。

「本をつくる」とはどういうことだと思いますか。

> 「本をつくる」とは…

課全体を振り返ります。タスクを通じて、学んだことを自分のことばでまとめます。

2. 「簡単な本をつくる」ことについてまとめましょう。

（1）本をつくることについて、工夫した点と実際の出来について感じたことを書きましょう。

（2）原稿はうまく書けましたか。自己評価をしましょう。

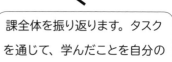

時間があれば2回行ってください。1回目の発表のあと、うまくいかなかったところや、変更したほうがいいところを直して、もう一度行います。

最後に…

今回の簡単な本をつくるタスクで、あなた（あなたたち）の考えは読んだ人たちに伝わりましたか。

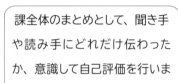

課全体のまとめとして、聞き手や読み手にどれだけ伝わったか、意識して自己評価を行います。

はじめの一歩 のヒント

1. ● 甘いもの　● 4年　● スイーツ　● 就活　● 彼女いない

2. あなたの紹介を4コマにかきましょう。

ここではまず、周りと相談せず自分だけでタスクを行ってください。ウェブサイトも見ないでください。自己紹介を4コマに収めるために、まず、それぞれのコマで何を伝えるべきかを大まかに考えます。例えば、1コマ目「名前、名前の由来、出身地、年齢」、2コマ目「現在していること」、3コマ目「趣味、好きなこと」、4コマ目「まとめ／オチ」とします。タスクを「かきましょう」としたのは、自由に表現していいからです。イラストの苦手な人は文字だけで、イラストを描きたい人はイラストとともに、絵手紙風にかきたい人はそのように、どんな形でも「自己紹介」であればいいでしょう。

①	②
田中一郎。男性。独身。京都出身の日本人です。	○○大学経済学部4年生です。目下就活中。でもなかなか希望の企業の内定がもらえません。
③	④
嫌なことがあったときはスイーツを食べて心の傷を癒します。世に言う「スイーツ男子」です。	一人でスイーツを食べに行けないと悩んでいる人。僕と一緒にお菓子をめぐる旅をしましょう。

> 「ヒント」は教師が学習者に与えるヒントとして使います。この部分はなるべく見ない／見せないことが理想です。

考えよう のヒント

1. できた作品を周りの人と見せ合ってください。感じたことをメモしておきましょう。

- マンガで上手に自分を描いていて、それだけで印象に残った
- 文字だけでよかったのか！　絵を描かなければいけないと思っていた
- 絵があるとわかりやすいわけではない
- 作品を見せ合いながら話すことで、いつもと違う自己紹介が楽しかった

わかったこと のヒント

自分の考え、ほかの人の意見から、参考になると思うことをまとめておきましょう。

- コマごとに何をかくのか先に決める
- たった4コマでも起承転結、序論・本論・結論がある。作文と同じだ
- 複雑な文章より簡単で印象に残る文章を書く
- 「あなたの紹介」と書いてあっても「はじめまして」で始まり、「よろしくお願いします」で終わらなくてもいいのかと改めて感じた
- 4コマ漫画風に、4コマ目でオチをつけるとおもしろい

> 解答は一例です。正解は一つではありません。

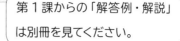

第0課　簡単な本を作る

【この課のねらい】

① 『この本のタイトル』のタスクのしかたを体験する

② 「起承転結」を意識する

③ 決められたコマの中で伝えたいことをまとめる

【整理しよう】（p.xi）

これまでにグループで、クラスで発言されたことをここで整理します。

【わかったこと】（p.xii）

ここまでで、タスクを進める方法や見かたなどを自分の理解とともに、自分のことばでまとめておきます。

【やってみよう】（p.xiii）

あなたが紹介したい偉人について6～8ページの簡単な本を作ってください。コマ割りのメモ（アウトライン）を下記に作成し、清書は別の用紙を準備して作成してください。

例）タイトル【玉川兄弟】

■玉川兄弟 庄右衛門と清右衛門 　　　　　　　　　　表紙①	■何をした人か 江戸時代、江戸の町には急に多くの人々が住むようになり、飲み水が不足してしまった。幕府は江戸に水を供給するための上水路を作ることを計画した。それを作ったのが玉川兄弟である。 　　　　　　　　　　　　　　　　②
■なぜ江戸には水がなかったのか 江戸は海が近かったから水はあったが、井戸を掘ると海水が出てきてしまう。海水は飲み水にもならないし、農作物に使うこともできない。兄弟は幕府から命を受けて上水路建設に着手する。1653年4月のことであった。 　　　　　　　　　　　　　　　　③	■偉業その1 兄弟はまず、今の国立から工事を行った。でも、水が流れなかった。次に今の福生から工事を行った。しかし水を流すと土に吸い込まれてしまった。工事に2回失敗し、幕府から与えられた工事費はなくなってしまった。そこで、二人は自分たちの財産や家を売ってお金を工面した。 　　　　　　　　　　　　　　　　④

xvii

■偉業その2 3回目の工事は現在の羽村から行った。そして、ようやく四谷までの 43km の上水路建設を成功させた。なんと 8 カ月で工事を行ったのである。最終的には虎ノ門まで水路を伸ばし、工事を完成させた。 ⑤	■結果 兄弟はその功績から「玉川」の姓を与えられた。当時の水道としては世界一だったそうである。また、江戸の町だけでなく、水路沿いの土地も水の恩恵を受けた。 ⑥
■現在の玉川上水 玉川上水は物資を運ぶ船が往来したり、川沿いに桜が植えられ花見客で賑わったりした。現在でも水が流れ、季節ごとにきれいな花が咲いている。川沿いは散歩道として人々に愛されている。 ⑦	■終わり　参考文献・URL 東京都水道局 http://www.waterworks.metro.tokyo.jp/kouhou/pr/tamagawa/ 武将！ジャパン https://bushoojapan.com/tomorrow/2016/01/13/67991 ⑧

【まとめよう】（p.xiv）

1．「簡単な本をつくる」ことについてまとめましょう。

　　「簡単な本をつくる」とはどういうことだと思いますか。

解答例　・各コマに何を書くか、あらかじめ構成を考えること

　　　　　・何を伝えたいのかを第一に考えること

　　　　　・書きたいことがたくさんあっても、ときには削る勇気も必要

2．「簡単な本をつくる」についてまとめましょう。

(1)　本をつくることについて、工夫した点と実際の出来について感じたことを書きましょう。

解答例　・子どものころ読んだ絵本の構成を意識した文字だけではないと、レイアウトを考える苦労があった

　　　　　・イラストと文字の配分、分量を工夫した

(2)　原稿はうまく書けましたか。自己評価をしましょう。

解答例　4…アウトラインをていねいに書いておいたので、うまくまとまった

　　　　　2…欲ばってイラストと文字でいっぱいになってしまい、結局読みにくくなった

基本編

「感じる」「考える」を体験するタスク

第 **1** 課

絵を読む

はじめの一歩

絵をよく見てください。
この絵に描かれていること、伝えたいことはなんでしょうか。
次のページからの質問に答えましょう。

Ⓒ 鳥獣人物戯画甲巻　栂尾山高山寺

1. 絵をよく見て、気がついたことをできるだけ多く書き出してみましょう。

（1）季節はいつだと思いますか。　　　（2）場所はどこだと思いますか。

（3）描かれている動物たちはそれぞれなにをしていると思いますか。

（4）描かれている動物たちはそれぞれどんなことを考えているでしょうか。

（5）そのほか、気がついたことをできるだけ多く書き出してみましょう。

——— どうしてもわからないときは **p.14** はじめの一歩のヒントへ ——→

考えよう

1. この絵について気づいたことをグループで話し合ってみましょう。自分が気づかなかった箇所、出てきた意見に賛成／反対する理由を出し合ってもいいでしょう。

2. 1. で話し合ったことを参考に、「絵の説明」と「絵が伝えたいこと」に分けて、グループで話し合い、キーワードや箇条書きのメモを作りましょう。

絵の説明（見かた）

絵が伝えたいこと

3.

2.で作成したメモを参考にして、この絵に描かれていることを一つの話にまとめましょう。グループごとに発表しましょう。

———— どうしてもわからないときは p.14 考えよう のヒントへ ————→

整理しよう

- 場所、季節、天気、時間、誰がいるか、何が起こっているか

- この絵は何を表しているか、何を伝えたいのかを考える

- 絵の構図を意識する

→ 右と左

→ 上と下

→ 手前と奥

- 絵を見るのではなく、絵を「読む」

わかったこと

自分の考え、ほかの人の意見から、参考になると思うことをまとめておきましょう。

....

....

....

....

....

―― どうしてもわからないときは **p.16 わかったこと**のヒントへ ⟶

やってみよう

絵をよく見てください。
この絵に描かれていること、伝えたいことはなんでしょうか。
次のページからの質問に答えましょう。

Picture: Jan Steen. 'As the Old Sing, So Pipe the Young', c. 1668-1670. Mauritshuis, The Hague

1. 絵をよく見て、気がついたことをできるだけ多く書き出してみましょう。

2. この絵についてグループで話し合ってみましょう。気づいたことを「絵の説明」と「絵が伝えたいこと」に分けて、メモをまとめてみましょう。

絵の説明（見かた）

絵が伝えたいこと

3. 2.で作成したメモを参考にして、この絵に描かれていることを一つの話にまとめてみましょう。また、ポスターや写真など必要な資料を準備して発表しましょう。

まとめよう

1.　「絵を読む」ことについてまとめましょう。

「絵を読む」とはどういうことだと思いますか。

「絵を読む」とは…

2.　発表についてまとめましょう。

（1）原稿について、工夫した点と実際の出来について感じたことを書きましょう。

（2）原稿はうまく書けましたか。自己評価をしましょう。

1回目　😊 うまくできた　5 …… 4 …… 3 …… 2 …… 1　うまくできなかった☹

2回目　😊 うまくできた　5 …… 4 …… 3 …… 2 …… 1　うまくできなかった☹

（3）発表用の資料はうまく作ることができましたか。自己評価をしましょう。

1回目　😊 うまくできた　5 …… 4 …… 3 …… 2 …… 1　うまくできなかった☹

2回目　😊 うまくできた　5 …… 4 …… 3 …… 2 …… 1　うまくできなかった☹

(4) ほかの人からの評価はどうでしたか。コメントをまとめておきましょう。

最後に…

今回の絵を読むタスクで、あなた（あなたたち）の考えは聞いている人たちに伝わりましたか。

😊 うまく伝わった　5 ···· 4 ····· 3 ······ 2 ······ 1　うまく伝わらなかった ☹

［第1課］　絵を読む／13

はじめの一歩 のヒント

（1）季節はいつだと思いますか。
- 冬ではない（草木があるから）（かえるが冬眠していないから）
- 春か夏（かえるが元気そうだから）

（2）場所はどこだと思いますか。
- うさぎやかえるが住んでいる近所の遊び場
- 川の近く（左後方がそう見える）
- 遠出をした自然が豊かなところ

（3）描かれている動物たちはそれぞれなにをしていると思いますか。
- すもうをとっている／力比べをしている
- 遊んでいる／悪ふざけをしている
- ピクニックに来ている／レクリエーション中

（4）描かれている動物たちはそれぞれどんなことを考えているでしょうか。
- かえるとうさぎでどちらが強いかを知りたいと思っている
- かえるもうさぎも楽しいと思っている（笑っているから）

（5）そのほか、気がついたことをできるだけ多く書き出してみましょう。
- 右側にいる2匹のかえるはすもうに飽きて、別のことを探しにこの場を離れようとしている
- うさぎはうさぎを、かえるはかえるを応援している（自分の属するグループを全力で応援する）
- 左側と右側と見えていないところにどんな絵が描かれているか気になる
- 右側には興味をひくような何かがあるらしい（2匹のかえるの表情から想像できる）

考えよう のヒント

1. この絵について気づいたことをグループで話し合ってみましょう。自分が気づかなかった箇所、出てきた意見に賛成／反対する理由を出し合ってもいいでしょう。
- 久しぶりに友だちと一緒に遊んでいる様子を表していると思う
- みんなすごく楽しそうだから、いつもの出来事ではないと思う
- 自分のグループを大切にするということは、昔も今も変わらない
- 右側には何があるのだろうかと期待させるような構図
- 右側のかえるは笑っているのではなく、何かを追いかけているのかもしれない

2. 1.で話し合ったことを参考に、「絵の説明」と「絵が伝えたいこと」に分けて、グループで話し合い、キーワードや箇条書きのメモを作りましょう。

> 絵の説明（見かた）
> - ある初夏の天気のいい日、かえるとうさぎはピクニックにやって来た
> - 空気のいい、自然の中で過ごすひととき

- みんなとても楽しそう
- すもうをしているが、けんかをしているわけではない
- すもう観戦に飽きてしまったかえる2匹が、右のほうへ移動している
- 右側にいるかえる2匹の顔は楽しそうではなく、何か叫んでいるようにも見える
- 持っている草や枝は、応援グッズ（ポンポンみたいな）／警棒、どちらにもなり得る

絵が伝えたいこと
- みんな仲よくすることが大切
- 秩序を守れば、異なる者同士が共存できる
- 助け合うことは大事
- 悪いことをしたら制裁が加えられる

3. 2.で作成したメモを参考にして、この絵に描かれていることを一つの話にまとめてみましょう。グループごとに発表しましょう。

［上級レベルの例］

　　　初夏のある日、かえるとうさぎは少し遠くまで出かけました。お弁当を持って川辺で一日を過ごすことにしました。みんな楽しそうに遊んでいます。ある者たちはすもうを取りはじめました。かえるはかえるを、うさぎはうさぎを応援していましたが、かえるが負けてしまいました。負けたかえるはもう一度うさぎに挑戦したいと思っていますが、ひっくり返ってしまったので、なかなか起き上がれません。先ほどまですもうを応援していたかえる2匹が、足早に右のほうへ走っていきました。2匹とも「待てーっ！」と叫んでいます。きっと何か悪さをして逃げて行った者を追いかけて行ったのでしょう。みんな草木や枝を手にしていますが、左側の者たちは応援用として、右側の者たちは警棒や鞭など、悪者の捕獲用として使っています。物は工夫次第でいろいろな用途に使えることを示しています。

　　　この絵には二種類の異なる生き物がいます。このことから、異なる者同士でも秩序を守って生活すればお互いに共存できるということを伝えていると思います。動物を擬人化することによって、人の道を易しく説いている絵なのです。秩序の守れない者は懲罰が必要ですが、それは表と裏で表せば裏なので、あえて見えない部分（絵の右側方向）で表現しています。

［中級レベルの例］

　　　夏が始まりました。今日はかえるとうさぎがピクニックに来ました。みんなは楽しそうです。かえるとうさぎはすもうをしました。ほかのかえるとうさぎが「がんばれっ！」と応援しています。でも、かえるが負けてしまいました。残念です。かえるは負けたので、2匹のかえるはつまらなくなりました。そして右のほうへ走っていきました。きっとすもうよりもおもしろいことを見つけたのかもしれません。動物も人間と同じです。みんな仲よく生活することが大切です。

わかったこと のヒント

自分の考え、ほかの人の意見から参考になると思うことをまとめておきましょう。

- 細かいところにも絵の意味するものが隠れている
- 左と右の違い、上と下の違い、手前と奥の違いを読み取る
- 顔の表情をよく見る
- 小さい物にもどんな意味があるか考えてみる
- 一枚の絵には物語がある

第 2 課

詩を描く

はじめの一歩

1. スマホや辞書をかばんにしまって、以下の質問に答えましょう。

（1）なにも見ないで A にはミッキーマウスを、B にはかわいい犬を描いてください。

A	B

（2）（1）で絵を描いてなにを感じましたか。なにがわかりましたか。

2. 次の詩を読んで、以下の質問に答えましょう。

（1）どんな情景が浮かびますか。絵を描いてみましょう。

ろばいあえば
にらめぬ
わけ合えば
あまる
みつを

© 相田みつを美術館

（2）この詩はなにを伝えようとしていると思いますか。

（3）そのほか、気がついたことをできるだけ多く書き出してみましょう。

——— どうしてもわからないときは **p.28** はじめの一歩のヒントへ ———>

考えよう

1. この詩について気づいたことをグループで話し合ってみましょう。自分が気づかなかった箇所、出てきた意見に賛成／反対する理由を出し合ってもいいでしょう。

....

....

....

....

2. 1.で話し合ったことを参考に、「詩の説明」と「詩が伝えたいこと」に分けて、グループで話し合い、キーワードや箇条書きのメモを作りましょう。

┌──┐
│ 詩の説明（味わいかた）   │
│   │
│   │
│   │
│   │
├──┤
│ 詩が伝えたいこと   │
│   │
│   │
│   │
│   │
└──┘

3. 2.で作成したメモを参考にして、この詩に書かれていることを一つの話にまとめてみましょう。グループごとに発表しましょう。

どうしてもわからないときは **p.28 考えよう**のヒントへ →

整理しよう

- 書かれている詩の内容を理解する（表面的な意味）

- どういうことを伝えようとしているのかを理解する（裏に隠れている意味）

- 詩を読むのではなく内容を理解し情景を描けるようにする

わかったこと

自分の考え、ほかの人の意見から、参考になると思うことをまとめておきましょう。

———— どうしてもわからないときは p.30 **わかったこと**のヒントへ ————▶

やってみよう

　　　　わたしは　その手が好きです
　　　　ただ毎日をまっすぐ生きて
　　　　わたしたちを育て旅立たせてくれた
　　　　あなたの　その手が好きです

　　　　雨に打たれても土に触って
　　　　ひとつひとつ種を蒔く背中は
　　　　諦めた夢もきっとあるでしょう
　　　　だけど　わたしには笑顔で・・・

　　　　愛に出逢い　愛を信じ　愛にやぶれて
　　　　愛を憎み　愛を赦し　また愛を知る
　　　　風に吹かれ　迷いゆれて　生きるこの道

　　　　あなたの笑顔　それは道標

JASRAC 出 1911307-901

詩をよく読んでください。
この詩に書かれていること、伝えたいことはなんでしょうか。
次のページからの質問に答えましょう。

1. 詩をよく読んで、気がついたことをできるだけ多く書き出してみましょう。

2. この詩についてグループで話し合ってみましょう。気づいたことを「詩の説明」と「詩が伝えたいこと」に分けて、メモをまとめてみましょう。

詩の説明（味わいかた）

詩が伝えたいこと

3. 2.で作成したメモを参考にして、この詩に書かれていることを一つの話にまとめましょう。また、ポスターや写真など必要な資料を準備して発表しよう。

まとめよう

1. 「詩を描く」ことについてまとめましょう。

「詩を描く」とはどういうことだと思いますか。

「詩を描く」とは…

2. 発表についてまとめましょう。

（1）原稿について、工夫した点と実際の出来について感じたことを書きましょう。

（2）原稿はうまく書けましたか。自己評価をしましょう。

| 1回目 | 😄 うまくできた　5 …… 4 …… 3 …… 2 …… 1　うまくできなかった 😞 |
| 2回目 | 😄 うまくできた　5 …… 4 …… 3 …… 2 …… 1　うまくできなかった 😞 |

（3）発表用の資料はうまく作ることができましたか。自己評価をしましょう。

| 1回目 | 😄 うまくできた　5 …… 4 …… 3 …… 2 …… 1　うまくできなかった 😞 |
| 2回目 | 😄 うまくできた　5 …… 4 …… 3 …… 2 …… 1　うまくできなかった 😞 |

（4）ほかの人からの評価はどうでしたか。コメントをまとめておきましょう。

最後に…

今回の 詩を描くタスクで、あなた（あなたたち）の考えは聞いている人たちに伝わりましたか。

😊 うまく伝わった　**5** ···· **4** ····· **3** ······ **2** ······· **1**　うまく伝わらなかった ☹

はじめの一歩 のヒント

1. スマホや辞書をかばんにしまって、以下の質問に答えましょう。

（1）省略

（2）(1)で絵を描いてなにを感じましたか。なにがわかりましたか。
- Aは黒くて大きい耳、赤いパンツなど、一つのキャラクターとして存在している
- Aはすでに固定化した存在
- Bは人によってさまざま。解答は無限

2. 次の詩を読んで、以下の質問に答えましょう。

（1）どんな情景が浮かびますか。絵を描いてみましょう。

（2）この詩はなにを伝えようとしていると思いますか。
- 奪い合いは必ずどちらかが満たされ、もう一方は満たされない。そのため憎悪が残る
- 少なくても分け合えば、双方が満たされる
- 分け合うという行為によって心が満たされる

（3）そのほか、気がついたことをできるだけ多く書き出してみましょう。
- 金持ちから貧乏な人への施しではなく、隣の人たちと分け合う心の大切さを伝えていると思う
- 憎しみは新たな憎しみを生む悪循環。だからすべきではない

考えよう のヒント

1. この詩について気づいたことをグループで話し合ってみましょう。自分が気づかなかった箇所、出てきた意見に賛成／反対する理由を出し合ってもいいでしょう。
- 自分だけいい思いをする人は、あとで痛い目をみるというたとえだと思う
- 困っている人を助けるという心を常に持っていれば、世界平和につながる
- 施しではなく、分かち合いの精神が大切

2. 1. で話し合ったことを参考に、「詩の説明」と「詩が伝えたいこと」に分けて、グループで話し合い、キーワードや箇条書きのメモを作りましょう。

詩の説明（味わいかた）
- モノが一つしかないとき、それを取り合えばけんかになる
- 憎悪は憎悪を生む
- 一つのものを二人で分け合えば、双方が満たされる
- 思いやりの気持ちは人々を温かくする

詩が伝えたいこと
- 奪い合いは片方が満たされ、もう片方が満たされず、そこには憎悪が生まれる
- 分け合えば少量のものの場合、一人分の分け前は少なくなる。しかし、分け合った人々に等分の満ち足りた気持ちを分けることになる
- 自分だけがいい思いをすることは目先のことしか考えない人
- 困っている人に手を差しのべることは、長期的に考えて世界平和をめざすいい行い

---

3. 2. で作成したメモを参考にして、この詩に書かれていることを一つの話にまとめてみましょう。グループごとに発表しましょう。

［上級レベルの例］

　「うばい合えば　足らぬ」これは、一つのものを取り合えばけんかになる、勝った者は満ち足りますが、負けた者には憎悪が生まれます。負かした相手をいつまでも憎むことになるということを表しています。「わけ合えば　あまる」これは、一つのものを分け合えば、双方が満たされるということを表しています。例えば、一つのパンがあり、二人ともおなかを空かせている場合、半分にしたら満腹にはならないかもしれません。しかし、思いやりの気持ちは二人の心を温かさで満たすことができるということです。

　つまりこの詩が伝えたいことは、奪い合えば必ずそこに憎悪が生まれ、何の解決にもならない。しかし、分け合えばそこに思いやりの心が芽生え、それは長期にわたって人々の心を満たしたり、心の支えになったりするということです。一過性の欲にとらわれるのではなく、物事を長期的にとらえることができれば、幸せはより多くの人に届くということを表しているのです。

［中級レベルの例］

　「うばい合えば　足らぬ」は、一つのものを取り合ったらけんかになるということです。「わけ合えば　あまる」は、一つのものを分け合ったら、二人が満足するということです。例えば、二人に一枚のパンがあります。半分にすると二人はおなかがいっぱいにはならないかもしれません。しかし、二人はいいことをしたので満足します。

　この詩が伝えたいことは、奪い合ったらよくないということです。困っている人を助けたら、みんながいい気持ちになります。長い時間がかかりますが、将来たくさんの人が幸せになるでしょう。

わかったことのヒント

自分の考え、ほかの人の意見から参考になると思うことをまとめておきましょう。

- 理解しやすい内容の裏にある多くの情報を読み取ることが大事
- やさしい表現の中に散在する多くのメッセージを読み取る大切さ
- 目をつぶって、情景が描けるくらい読み込むといろいろ見えてくる

第 **3** 課

映画をみる

はじめの一歩

画像提供：株式会社ロボット

『つみきのいえ』という短編の映画をみます。
みたあとで、次のページからの質問に答えましょう。

1. | どんな話でしたか。

2. | 下の絵について、説明してみましょう。

画像提供：株式会社ロボット

3. | 左ははじめの映像、右はおわりの映像です。この2枚の違いはなんでしょうか。説明しましょう。

画像提供：株式会社ロボット　　　　　画像提供：株式会社ロボット

—— どうしてもわからないときは p.42 はじめの一歩のヒントへ ——→

[第3課] 映画をみる／33

考えよう

1. この映画には、いろいろなモノが出てきました。どんなモノがありましたか。

2. 1.で挙げたモノはどんな意味を持っていると思いますか。

例）レンガ	例）一つひとつ積み上げる人生、家族が育むさまざまな出来事

3. それぞれのモノを通して物語をみると、どのように話が説明できますか。

4. 3.で作成したメモを参考にして、この映画についてまとめましょう。写真や画像など必要な資料を準備して発表しましょう。

―― どうしてもわからないときは p.42 考えよう のヒントへ ―→

整理しよう

- あらすじを理解する

- 出てきたモノ／こと／ことばに着目する

- そのモノ／こと／ことばの意味を考える

- 登場人物の気持ちを理解する

- 伝えたいことを理解する

わかったこと

自分の考え、ほかの人の意見から、参考になると思うことをまとめておきましょう。

……………………………………………………………………………………………………
……………………………………………………………………………………………………
……………………………………………………………………………………………………
……………………………………………………………………………………………………
……………………………………………………………………………………………………
……………………………………………………………………………………………………

―― どうしてもわからないときは **p.44 わかったこと** のヒントへ ―→

やってみよう

日本映画『トイレット』（2010年作品）をみます。
映画をみて、この映画についてまとめてください。各グループでどのように映画をみたかを発表しましょう。

【登場人物】
次男・レイ（ロボットプラモオタクの青年）
長男・モーリー（ひきこもりのピアニスト）
長女・リサ（勝気で生意気な大学生の妹）
ばーちゃん（ことばの通じない日本人の祖母）
謎の女性（妙な服を着た女性）
センセー（猫、6歳のオス）

1. キャラクターの設定、シンボルなど、気がついたことをできるだけ多く書き出してみましょう。

2. アウトラインを書いてみましょう。

どんな話か

着目したモノ、こと、ことばなど、それが意味すること

なにを伝えたいか

3. 発表用の原稿を作って発表しましょう。

はじめ	
本論① どんな話か	
本論② 着目したモノ、こと、ことばなど、それが意味すること	
本論③ なにを伝えたいか	
結論	

まとめよう

1. 「映画をみる」ことについてまとめましょう。

「映画をみる」とはどういうことだと思いますか。

「映画をみる」とは…

2. 発表についてまとめましょう。

（1）原稿について、工夫した点と実際の出来について感じたことを書きましょう。

（2）原稿はうまく書けましたか。自己評価をしましょう。

| 1回目 | 😊 うまくできた　5 …… 4 …… 3 …… 2 …… 1　うまくできなかった ☹ |
| 2回目 | 😊 うまくできた　5 …… 4 …… 3 …… 2 …… 1　うまくできなかった ☹ |

（3）カギになるモノ、ことばなどを多く見つけることができましたか。自己評価をしましょう。

| 1回目 | 😊 うまくできた　5 …… 4 …… 3 …… 2 …… 1　うまくできなかった ☹ |
| 2回目 | 😊 うまくできた　5 …… 4 …… 3 …… 2 …… 1　うまくできなかった ☹ |

（4）ほかの人からの評価はどうでしたか。コメントをまとめておきましょう。

最後に…

今回の映画をみるタスクで、あなた（あなたたち）の考えは聞いている人たちに伝わりましたか。

😊 うまく伝わった　**5** …… **4** …… **3** …… **2** …… **1**　うまく伝わらなかった 😞

はじめの一歩 のヒント

1. どんな話でしたか。

あるところに住んでいるおじいさんの話。おじいさんは一人暮らしで、ある日大切にしているパイプを水中に落としてしまい、それを拾いに行く。すると忘れていたさまざまな懐かしい思い出がよみがえるという話。

2. 下の絵について、説明してみましょう。
- パイプを落してしまったおじいさんは、わざわざ水中に潜ってパイプを取りに行きました。
- さいわい、パイプはすぐに見つかりました。
- パイプは扉の上に落ちていました。これがきっかけで、おじいさんは自分の過去への扉を開くことになります。

3. 左ははじめの映像、右はおわりの映像です。この2枚の違いはなんでしょうか。説明しましょう。
- 左の映像ではおじいさんは一人で夕食をとっています。話し相手もいないので、テレビがついています。笑い声がテレビから聞こえますが、おじいさんは寂しそうです。
- 右の映像では、海底でおばあさんのグラスを見つけ持ち帰ったので、二つのグラスにワインが注がれています。おじいさんはまるでおばあさんが近くにいるように感じています。テレビは消えていてとても静かですが、おじいさんは幸せそうです。

考えよう のヒント

1. この映画には、いろいろなモノが出てきました。どんなモノがありましたか。
- 海のような水
- パイプ
- 積みあがった家
- ワイングラス
- レンガ

2. 1.で挙げたモノはどんな意味を持っていると思いますか。
- 海のような水 … 環境破壊、地球温暖化、住みにくい地球
- パイプ … おじいさんの大切なモノ、おばあさんとの思い出、自分の分身
- 積みあがった家 … 人生の長さ、人々の生活の歴史、徐々に狭くなる部屋＝家族の変遷
- ワイングラス … 乾杯できる大切な人、一家団らん

3. それぞれのモノを通して物語をみると、どのように話が説明できますか。
- 海のような水は地球温暖化によって住みにくくなった地球を表している
- パイプはおじいさんの大切なもの、すなわちおばあさんである
- 積みあがった家は人生の長さ、困難、努力などを表している

4. 3で作成したメモを参考にして、この映画についてまとめましょう。写真や画像など必要な資料を準備して発表しましょう。

[上級レベルの例]

　　地球温暖化が急激に進んだある土地に住んでいるおじいさんの話です。おじいさんは一人暮らしです。妻を病気で亡くし、一人娘は嫁いでしまったため、パイプを吸いながらのんびり釣りをする毎日です。ある日大切にしているパイプを水中に落としてしまいました。海底は深くて容易には取りに行けません。さいわいパイプはたくさんあるので、ほかのものを使ってみたのですが、どうもしっくりきません。やはり使い慣れたあのパイプでないとタバコもおいしくありません。訪問販売の船の中にウェットスーツを見つけたおじいさんは、それを着て水中にパイプを拾いに行きます。海面が上昇するたびに上へ上へと作り上げた家は思っていたより積みあげられていて、パイプも海底深くに落ちているようです。床の扉を一つまた一つと開けて下へ下へとパイプを探しているうちに、かつて生活をしていたそれぞれの家の、懐かしい思い出がよみがえります。幼なじみのおばあさんと出会ったこと、大きくなってプロポーズしたこと、娘が生まれたこと、楽しい家庭生活、娘の結婚相手にはじめて会ったこと……。そして、愛する妻が病気で寝ていたベッド、落としてしまったパイプを妻が拾ってくれたこと、一緒に夕食をとるときに使っていたワイングラス。楽しかったこと、悲しかったこと、海底にたどり着いてこれまで忘れていた数々の思い出が頭の中を駆けめぐりました。

　　積みあがった家は人生を表しています。それはもう過去のこと。人は上へ、未来へと生き続けなければなりません。おじいさんは今の家をめざして浮上します。拾ったパイプは自分の分身のように大切なモノ。おばあさんとの思い出が詰まっています。最後の場面で、いつもと同じ一人での寂しい晩ごはんのテーブルにはおばあさんのワイングラスが置かれていました。今日はおばあさんとの思い出に浸りながら静かだけど心豊かな食事が始まります。家の高さはそれまでにその人が生きてきた歴史を表しています。

　　水面は時間軸での現在を表しています。つみきのように積みあがった家は、過ぎ去った思い出の積み重ねを連想します。つみきのいえは、おじいさんの人生です。

[中級レベルの例]

　　あるところにおじいさんが一人で住んでいます。家は水上にあります。奥さんはもういません。子どもは結婚して別のところに住んでいます。ある日、おじいさんはパイプを水の中に落としてしまいました。おじいさんはそのパイプが大好きだったので、取りに行くことにしました。水上の家の下には昔住んでいた家がたくさん重なっています。水がどんどん高くなってきたので、家の上に新しい家を作らなければなりませんでした。パイプはどこにあるのでしょう。水に潜ってすぐにパイプは見つかりました。でも、そこには前に住んでいた家に入ることのできる扉がありました。おじいさんはどんどん下へ向かっていくつも扉を開けました。そして一番底に着きました。重なった家にはたくさん

の思い出がありました。今は水の中にありますが、いろいろな思い出がおじいさんには見えました。でも、一番の思い出はおばあさんとの思い出でした。おばあさんと会って、結婚して、娘が生まれました。おばあさんがパイプを拾ってくれたこと、ワインで乾杯したこと。寂しいからいつもは考えなかったことをたくさん思い出しました。今夜はおばあさんと一緒に晩ごはんを食べます。今、おじいさんの心は温かいです。

わかったこと のヒント
自分の考え、ほかの人の意見から参考になると思うことをまとめておきましょう。
- 映画は作られたストーリーだから、なにかキーワードやカギになるモノが隠れている
- カギになるモノ、ことば、しぐさなどを見つけられたらおもしろい

初級編

「考える」を広げるタスク

第 **4** 課

日程表を作る

はじめの一歩

　　　　　自由大学留学生日本語センター　日本文化研修旅行
　　　　　　　　日光日帰り旅行　9月17日

日程
08：00　　　大学正門前から出発（バスに乗ります）
10：00　　　〇〇SA　休憩
10：15　　　出発
11：00　　　日光東照宮　観光
12：00　　　昼食　〇〇レストハウス
13：00　　　出発
13：30　　　華厳の滝　観光
14：00　　　出発
14：30　　　日光江戸ワンダーランド
15：30　　　出発
16：30　　　〇〇SA　休憩
16：45　　　出発
18：00　　　大学正門前着　解散

表をよく見てください。
これは、自由大学留学生日本語センターの日帰り旅行の日程表です。
次のページからの質問に答えましょう。

1. 自由大学では先日文化研修の一環として日光へ日帰り旅行がありました。留学生が全員参加する行事です。ところが、旅行の感想を聞いたところ、不平・不満が多く出ました。感想は以下の通りです。

・バスで片道3時間以上かかった。往復で6時間も！ とても疲れた。
・観光地が地味。おもしろくない。
・日光へ行くのは3回目だったから新鮮味がなかった。
・お昼ごはんの場所が決まっていた。　・お昼ごはんがおいしくなかった。
・昼食は注文してもなかなか出てこないから、自由時間がなかった。

そこで、旅行日程について、みんなで考えてみることにしました。

（1）旅行の目的は何だったのか。　　　　（2）どうして日光だったのだろうか…。

（3）どうして日帰り旅行だったのだろうか…。　（4）どうしてもっと近い場所ではなかったのだろうか…。

（5）どうしてバスだったのだろうか…。

―― どうしてもわからないときは p.58 はじめの一歩のヒントへ ―→

考えよう

1. 「はじめの一歩」で話し合ったことをグループで整理してみましょう。

2. 話し合った結果、理想の日帰り旅行にするとしたら、どのようにしますか。

3.

2.で作成したメモを参考にして、理想の日帰り旅行の日程表を作ってみましょう。グループごとに発表してみましょう。

日程表

どのように工夫したか

── どうしてもわからないときは p.58 考えよう のヒントへ ─→

［第4課］ 日程表を作る

整理しよう

- 目的を考え、予算などを立てる

- 交通手段を決める

- 無理のない時間配分を決める

- 欲ばっていろいろな予定を入れない

- 時間に余裕を持たせる

わかったこと

自分の考え、ほかの人の意見から、参考になると思うことをまとめておきましょう。

———— どうしてもわからないときは p.60 **わかったこと**のヒントへ ————→

やってみよう

あなたは旅行会社で働く社員です。近年、ツアーの企画もさまざまな形態のものが消費者に好まれているようです。新しい日帰り旅行の日程を立て、企画書を作成しましょう。

1. 以下にメモを作成しましょう。

（1）旅行の目的　　　　　　　　（2）対象者、年齢層など

（3）行き先　　　　　　　　　　（4）スケジュール

（5）アピールポイント

［第4課］日程表を作る

2. パンフレットに使えるように、日程表を作成しましょう。

日程表

3. 発表用の原稿を作って発表しましょう。

まとめよう

1. 「日程表を作る」ことについてまとめましょう。

「日程表を作る」とはどういうことだと思いますか。

「日程表を作る」とは…

2. 発表についてまとめましょう。

（1）日程について、工夫した点と実際の出来について感じたことを書きましょう。

（2）原稿はうまく書けましたか。自己評価をしましょう。

1回目 😊 うまくできた　5 …… 4 …… 3 …… 2 …… 1　うまくできなかった 😞

2回目 😊 うまくできた　5 …… 4 …… 3 …… 2 …… 1　うまくできなかった 😞

（3）これは人に自慢できるという工夫ができましたか。自己評価をしましょう。

1回目 😊 うまくできた　5 …… 4 …… 3 …… 2 …… 1　うまくできなかった 😞

2回目 😊 うまくできた　5 …… 4 …… 3 …… 2 …… 1　うまくできなかった 😞

（4）ほかの人からの評価はどうでしたか。コメントをまとめておきましょう。

最後に…

今回の日程表を作るタスクで、あなた（あなたたち）の考えは聞いている人たちに伝わりましたか。

😊 うまく伝わった　5 …… 4 …… 3 …… 2 …… 1　うまく伝わらなかった ☹

はじめの一歩 のヒント

1. 自由大学では先日文化研修の一環として日光へ日帰り旅行がありました。留学生が全員参加する行事です。ところが、旅行の感想を聞いたところ、不平・不満ばかりが出ました。（以下問題文省略）

(1) 旅行の目的は何だったのか。
- 学生同士が仲よくなることが第一の目的だったと思う
- 個人では観光に行けない学生のための思い出づくり

(2) どうして日光だったのだろうか…。
- 近かったら、自分たちで行けるから
- 多分、有名な場所だから

(3) どうして日帰り旅行だったのだろうか…。
- 学生たちはバイトがあって忙しいから
- 宿泊すると欠席する学生が出るから
- 旅行に出席すれば授業に出席したことと同じになるから、学生が楽に出席率を保てるから

(4) どうしてもっと近い場所ではなかったのだろうか…。
- 旅行に行かない学生もいるから、少しでも旅行気分を味わえるように少し遠い場所なのではないか
- 普段と違う特別な気持ちになれるから

(5) どうしてバスだったのだろうか…。
- 大人数を先生たちが引率するので、電車より楽だから
- 移動中もいろいろな人たちと話ができて、カラオケもできるから
- 電車より安いから

考えよう のヒント

1. 「はじめの一歩」で話し合ったことをグループで整理してみましょう。
- 普段の教室を離れると、特別な気持ちになる
- クラスメート同士が仲よくなれる機会となった
- 旅行気分を味わえる少し遠い所へ行くことはとても疲れたけれど、振り返ってみたら楽しかった
- バスの旅は移動中にカラオケをしたりゲームをしたりできるので楽しかった
- 江戸ワンダーランドはもっといたかった

2. 話し合った結果、理想の日帰り旅行にするとしたら、どのようにしますか。
- 日光東照宮と華厳の滝のどちらかと江戸ワンダーランドの2カ所にする
- 日光でなくてもう少し近い場所でいちご狩り
- 小田原に行く

3. 2.で作成したメモを参考にして、理想の日帰り旅行の日程表を作ってみましょう。グループごとに発表してみましょう。

48ページの旅行日程を修正したもの

日程表

自由大学留学生日本語センター　日本文化研修旅行

日光日帰り旅行　9月17日

日程
- 08:00　大学正門前から出発（バスに乗ります）
- 10:00　〇〇SA　休憩
- 10:15　出発
- 11:00　日光東照宮　観光
- 12:00　昼食
- 13:00　出発
- 13:30　日光江戸ワンダーランド
- 15:30　出発
- 16:30　〇〇SA　休憩
- 16:45　出発
- 18:00　大学正門前着　解散

　日光は少し遠いですが、みんなでバスに乗って行くのは楽しいです。電車で降りる駅を間違える心配もありません。ですから、みんなの理想の日程になるように、少し変えてみることにしました。

　変えた箇所は2カ所です。一つは「昼食」です。その土地のものを食べられるのはいいかもしれませんが、注文してから作ると、大人数分は大変です。ですから、お弁当を現地の食堂に注文しておいて、現地で受け取ります。気持ちのよい外で食べてもいいし、食堂の施設を使わせてもらってもいいと思います。もう一つは日光江戸ワンダーランドで過ごせる時間を倍に伸ばしました。ここは自由行動でいろいろ楽しむことができますし、学生の人気も高かったので長い時間を確保しました。江戸の仕事を体験したい人、ショーを見たい人は、行ったらまず開始時間を確認してください。これで満足いく日程に変わったと思います。

わかったこと のヒント

自分の考え、ほかの人の意見から参考になると思うことをまとめておきましょう。

- 無理に予定を入れているわけではないことがわかった
- 第一の目的が観光ではないので、このような日程だったのだということがわかった
- 結局、よい日程だったんだということがわかった
- 旅行にもいろいろな形態があるのだということを知った
- 貸し切りバスの費用や高速道路料金を調べているグループがあった。より現実的な予算がわかるから、このくらいしなければならないと思った

第 5 課

防災マニュアルを創る

はじめの一歩

大雨、落雷、台風、土砂崩れ、大地震…、
日本は自然災害の多い国です。
次のページからの質問に答えましょう。

1. 今までに、災害について考えたことはありますか。

---

2. あなたの国では、災害に対してどんな対策をしていますか。

3. あなたが今住んでいる自治体では、災害に対してどんな対策をしているか知っていますか。

4. あなたは防災対策をしていますか。「はい」の場合、どんなことをしていますか。「いいえ」の場合、それはどうしてですか。

―― どうしてもわからないときは **p.72 はじめの一歩のヒントへ** ――→

［第5課］ 防災マニュアルを創る／63

考えよう

1. 「はじめの一歩」では現在あなたが防災に対してどのように考えているかを振り返りました。さて、日本ではテレビ、ラジオ、インターネットなどさまざまな媒体を通じて、防災訓練や防災に関する呼びかけがされています。また、「非常食は最低３日分用意しよう」とよく言われます。これは、どうしてでしょうか。また、なぜ「最低３日分」なのでしょうか。グループで話し合ってみましょう。

2. これまでの話し合いから、今、ここで生きるために何をすることが必要だと思いますか。グループで考えてみましょう。いろいろな災害が想定されるので、そのうちのいくつかだけについてでもかまいません。

3. 2.で作成したメモを参考にして、今、ここで生きるためにできることをまとめてみましょう。グループごとに発表してみましょう。

―― どうしてもわからないときは p.72 考えようのヒントへ ――>

整理しよう

- 災害はいつ来るかわからない。普段からの備えが必要

- 避難経路を確認しておく

- 緊急連絡の方法を考えておく

- まず、自分で自分の身を守る

- 日本語がわからない人たちを助ける

わかったこと

自分の考え、ほかの人の意見から、参考になると思うことをまとめておきましょう。

....
....
....
....
....
....

―― どうしてもわからないときは **p.74 わかったこと** のヒントへ ――→

やってみよう

あなたはある県の県庁で働く公務員です。大地震が来たときのために、あなたの母語で防災マニュアルを作ってほしいと指示を受けました。防災マニュアルは日本語のほか、いくつかの言語で作られていますが、居住者はマニュアルをきちんと読んでいないようです。また、外国からの観光客のためのマニュアルはありません。
そこで、人々が普段から防災を意識できるような形態に、実際に大地震が来たとき、3日間生きのびるためのマニュアルを作ってください。
マニュアルの形態は自由です。

1. 以下にメモを作成しましょう。

（1）マニュアルの言語

（2）対象者（居住者、旅行者、日本語能力の有無など）

（3）マニュアルの形態

（4）住んでいる地域の特徴

（5）マニュアルの内容

[第5課] 防災マニュアルを創る／67

2. マニュアルを作成しましょう。

3. 発表用の原稿を作って発表しましょう。

まとめよう

1. 「防災マニュアルを創る」ことについてまとめましょう。

「防災マニュアルを創る」とはどういうことだと思いますか。

「防災マニュアルを創る」とは…

2. 発表についてまとめましょう。

（1）防災マニュアルについて、工夫した点と実際の出来について感じたことを書きましょう。

（2）原稿はうまく書けましたか。自己評価をしましょう。

| 1回目 | 😊 うまくできた　5 …… 4 …… 3 …… 2 …… 1　うまくできなかった ☹ |
| 2回目 | 😊 うまくできた　5 …… 4 …… 3 …… 2 …… 1　うまくできなかった ☹ |

（3）これは人に自慢できるという工夫ができましたか。自己評価をしましょう。

| 1回目 | 😊 うまくできた　5 …… 4 …… 3 …… 2 …… 1　うまくできなかった ☹ |
| 2回目 | 😊 うまくできた　5 …… 4 …… 3 …… 2 …… 1　うまくできなかった ☹ |

（4）ほかの人からの評価はどうでしたか。コメントをまとめておきましょう。

最後に…

今回のマニュアルを創るタスクで、あなた（あなたたち）の考えは聞いている人たちに伝わりましたか。

😀 うまく伝わった　5 …… 4 …… 3 …… 2 …… 1　うまく伝わらなかった ☹

はじめの一歩 のヒント

1. 今までに、災害について考えたことはありますか。
- ない。毎日忙しくてそれどころではない
- ない。東京は大丈夫。自治体が助けてくれる
- 少しだけある。大きい地震が来たとき怖かったからベッドの近くに棚は置かないことにした
- ある。水が部屋に入ってきたことを想像したことがある

2. あなたの国では、災害に対してどんな対策をしていますか。
- よくわからない
- ないと思う
- ある。しかし、日本のように市民まで一緒に訓練をすることはない

3. あなたが今住んでいる自治体では、災害に対してどんな対策をしているか知っていますか。
- 知らない
- 少し知っている。防災に関する冊子が送られてきた。だけど厚すぎて読む気が起きなかった

4. あなたは防災対策をしていますか。「はい」の場合、どんなことをしていますか。「いいえ」の場合、それはどうしてですか。
- はい。水を買ってある
- はい。ベッドの横に本棚や重いものを置かないことにしている
- はい。SNSで家族に連絡するから大丈夫
- いいえ。どうしたらいいかわからないから
- いいえ。東京は大丈夫だから
- いいえ。自治体が備蓄しているから

考えよう のヒント

1. 「はじめの一歩」では現在のあなたが防災に対してどのように考えているかを振り返りました。さて、日本ではテレビ、ラジオ、インターネットなどさまざまな媒体を通じて、防災訓練や防災に関する呼びかけがされています。また、「非常食は最低3日分用意しよう」とよく言われます。これは、どうしてでしょうか。また、なぜ「最低3日分」なのでしょうか。グループで話し合ってみましょう。

【防災訓練や防災に関する呼びかけ】に関しての答え
- 災害が多いから
- 「災害は忘れたころにやってくる」からまじめな日本人は訓練する
- 結局、日本人もあまり意識していないから
- そろそろ本当に大地震がやってくるから
- ゲリラ豪雨が多いから

【なぜ非常食は最低3日分なのか】に関しての答え
- 助けの人が来るまで時間がかかるから
- コンビニのお弁当が売り切れてしまうから
- 救助隊は倒れた建物に取り残されている生存者を先に助けなければならないから
- 救援物資が届くのに時間がかかるから

2. これまでの話し合いから、今、ここで生きるために何をすることが必要だと思いますか。グループで考えてみましょう。いろいろな災害が想定されるので、そのうちのいくつかだけについてでもかまいません。

- 水害 … 大雨が降ったら、気をつけること。川が近いなら、高台へ逃げる
- 地震 … どこで地震が来るかによって対処が違う。でも、どこにいてもまずは頭を守る
- 大雨 … 雷雨が多いから、できれば雨が小雨になるまで動かない。雷に注意
- 災害が起きそうなとき、「不要不急の外出は避けてください」とニュースで言っているのを聞いたことがある。だから、そんなときは家にいるのがいいと思う
- 避難しなければならないとき、近所の人に聞いてみる
- 新しい情報を受け取るためにインターネットが、正しい情報を受け取るためにラジオが必要だと思う

3. 2.で作成したメモを参考にして、今、ここで生きるためにできることをまとめてみましょう。グループごとに発表してみましょう。

［例］大雨のとき

【行動】
- なるべく家にいる
- 友だちや家族に、今自分がどこにいるかを知らせておく
- 部屋の中に水が入ってこないように窓やドアはきちんと閉める
- 外に様子を見に行かない（流されたり、雷に打たれる危険性があるから）

【必要なもの】
- 食料や飲み水を最低3日分準備しておく（カップ麺を買っておくと便利）
- 懐中電灯
- 毛布
- 充電器（電気用とスマホ用）
- ラジオ（電池で動く、正しい情報）

【考え方】
- 自分だけは大丈夫……　はない
- 「備えあれば憂いなし」

わかったこと のヒント

自分の考え、ほかの人の意見から参考になると思うことをまとめておきましょう。

- 普段はあまり仲よくしていない近所の人と話せるのか心配
- 日本人は冷たいから助けてくれるだろうか
- 自治体からの情報、放送の入手方法を確認しておく
- 今までまじめに考えたことがなかった。これを機に準備したい

中級編

「考えた」を伝えるタスク

第 **6** 課

ニュースを伝える

はじめの一歩

1. 次のニュースを2回聞いてください。
　　（http://www.bonjinsha.com/wp/shikooryoku）

（1）1回目と2回目の音声は、どちらがわかりやすかったですか。それはどうしてですか。

（2）音声だけでどんなニュースかわかりましたか。

（3）そのほか、気がついたことをできるだけ多く書き出してみましょう。

2. 下の記事を読みましょう。

2018年4月1日
「ショーグン」の寿司バーで働いているトム・ゲルブと同僚のジム・ピープグラスは先日大変な事故を起こしました。店の宣伝のためにゲルブがのり巻きの格好をして、ピープグラスの車の後ろをつかんで、スケートを履いて、ロサンゼルスのウェスタン通りを走りました。しかし、坂を降りる際に持っている看板を落としてしまいました。ゲルブは止まらずに、別の車にクラッシュしてしまいました。相手の運転手は「夢の中のような体験だった、つまり酔っ払い寿司と事故を起こした感じだった」と語りました。

（1）書かれた原稿はわかりやすいですか。わかりにくいですか。それはどうしてですか。

（2）どこを変えたらもっとわかりやすくなると思いますか。

（3）そのほか、気がついたことをできるだけ多く書き出してみましょう。

―― どうしてもわからないときは p.88 はじめの一歩のヒントへ ――

考えよう

1. このニュース記事について気づいたことをグループで話し合ってみましょう。自分が気づかなかった箇所、出てきた意見に賛成／反対する理由を出し合ってもいいでしょう。

2. 1.で話し合ったことを参考に、もっとわかりやすくなるように原稿を直してみましょう。

> 2018年4月1日
>
> 「ショーグン」の寿司バーで働いているトム・ゲルブと同僚のジム・ピープグラスは先日大変な事故を起こしました。店の宣伝のためにゲルブがのり巻きの格好をして、ピープグラスの車の後ろをつかんで、スケートを履いて、ロサンゼルスのウェスタン通りを走りました。しかし、坂を降りる際に持っている看板を落としてしまいました。ゲルブは止まらずに、別の車にクラッシュしてしまいました。相手の運転手は「夢の中のような体験だった、つまり酔っ払い寿司と事故を起こした感じだった」と語りました。

3. 2.で作成したメモを参考にして、ニュース記事をわかりやすくまとめてみましょう。グループごとに発表しましょう。

―― どうしてもわからないときは **p.88 考えよう**のヒントへ ――→

整理しよう

- 日本語のまとまりのある音は、山を描くように発声する

  例）これは　アメリカ　ロサンゼルスで　実際にあった話です。

- 母語以外の言語で伝えるときは、聞いている人が理解できるように原稿に説明を加えたほうが伝わりやすい

- ニュース記事は事実だけを伝える

わかったこと

自分の考え、ほかの人の意見から、参考になると思うことをまとめておきましょう。

―― どうしてもわからないときはp.89 **わかったこと**のヒントへ ――→

やってみよう

みんなの知らないあなたの国のおもしろいニュースはありますか。そのニュースをクラスメートが理解できるように日本語で紹介しましょう。

選んだ記事を貼りましょう。

1. ニュース記事を日本語にしましょう。まず、記事のとおりに訳しましょう。

2. このニュース記事で、説明の補足をしたほうがいいと思うところはありましたか。どのように補足説明を入れたらいいと思いますか。上に書いた原稿に、ペンの色を変えて書き込んでみましょう。

3. 2.で作成したメモを参考にして、わかりやすいニュース記事としてまとめましょう。写真や動画があれば、それも準備して発表しましょう。

まとめよう

1. 「ニュースを伝える」ことについてまとめましょう。

「ニュースを伝える」とはどういうことだと思いますか。

```
「ニュースを伝える」とは…
```

2. 発表についてまとめましょう。

（1）原稿について、工夫した点と実際の出来について感じたことを書きましょう。

（2）原稿はうまく書けましたか。自己評価をしましょう。

| 1回目 | 😀 うまくできた　5 …… 4 …… 3 …… 2 …… 1　うまくできなかった ☹ |
| 2回目 | 😀 うまくできた　5 …… 4 …… 3 …… 2 …… 1　うまくできなかった ☹ |

（3）これは人に自慢できるという工夫ができましたか。自己評価をしましょう。

| 1回目 | 😀 うまくできた　5 …… 4 …… 3 …… 2 …… 1　うまくできなかった ☹ |
| 2回目 | 😀 うまくできた　5 …… 4 …… 3 …… 2 …… 1　うまくできなかった ☹ |

（4）ほかの人からの評価はどうでしたか。コメントをまとめておきましょう。

最後に…

今回のニュースを伝えるタスクで、あなた（あなたたち）の原稿は聞いている人たちに伝わりましたか。

😊 うまく伝わった　5 …… 4 …… 3 …… 2 …… 1　うまく伝わらなかった ☹

はじめの一歩 のヒント

1.

（1）1回目と2回目の音声は、どちらがわかりやすかったですか。それはどうしてですか。
- 1回目はよくわからなかったが2回目はわかった
- 2回目はだいたいわかったが、人の名前はよく聞き取れなかった
- 1回目は発音が聞き取りづらいからわかりづらいのだと思う

（2）音声だけでどんなニュースかわかりましたか。
- アメリカで何かを宣伝している（ロサンゼルスと言っていたから）
- 事故を起こした
- 「のり巻き」とは何か

（3）そのほか、気がついたことをできるだけ多く書き出してみましょう。
- 人の名前は一回聞いただけではわからない
- 結論の部分がよくわからなかった

2.

（1）書かれた原稿はわかりやすいですか。わかりにくいですか。それはどうしてですか。
- わかりやすい（事故を起こしたことがよくわかった）
- わかりにくい（最後の部分の意味がわかりにくい）
- アメリカンジョークはほかの国の人には伝わらないから

（2）どこを変えたらもっとわかりやすくなると思いますか。
- 最初の部分に、「アメリカで」のように国名を補うとわかりやすいと思う
- 直訳はときどきわかりにくいので、意味を変えずに意訳したらいいと思う。例えば最後の部分

（3）そのほか、気がついたことをできるだけ多く書き出してみましょう。
- 固有名詞などは（　）で原語を書いておくとわかりやすいかもしれない
- 人の名前はここでは書かなくてもいいと思う
- 音声で伝えるほうが文字で伝えるよりたいへんだ
- 日本語らしさを意識して原稿を読むことが大切だ

考えよう のヒント

1. このニュース記事について気づいたことをグループで話し合ってみましょう。自分が気づかなかった箇所、出てきた意見に賛成／反対する理由を出し合ってもいいでしょう。
- おもしろさを表現するにはどこをどう書けばいいか意識する
- ニュースは事実だけを記述する。よけいなことは書かない
- 母語では当たり前のことも言語が変われば理解できないこともあるので、補足説明を少し加えたほうがいいのではないか

2. 1. で話し合ったことを参考に、もっとわかりやすくなるように原稿を直してみましょう。

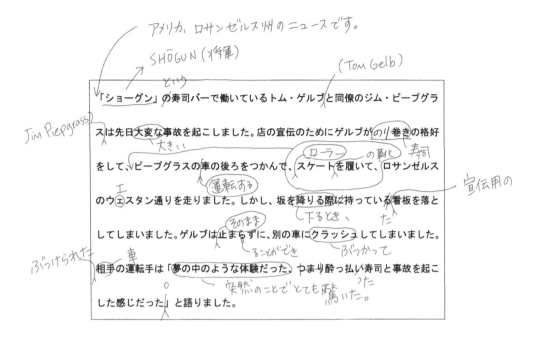

3. 2. で作成したメモを参考にして、ニュース記事をわかりやすくまとめてみましょう。グループごとに発表しましょう。

2018年4月1日　アメリカ、ロサンゼルス州のニュースです。
「ショーグン」（将軍）という寿司バーで働いているトム・ゲルブ（Tom Gelb）と同僚のジム・ピープグラス（Jim Piepgrass）は先日大事故を起こしました。店の宣伝のためにゲルブが巻き寿司（のり巻き）の格好をして、ローラースケートの靴を履いて、ピープグラスの運転する車の後ろをつかんで、ロサンゼルスのウエスタン通りを走りました。しかし、坂を下るとき、持っていた看板を落としてしまいました。ゲルブはそのまま止まることができずに、別の車に衝突してしまいました。被害者の運転手は「夢の中のような体験だった。酔っ払った寿司と事故を起こした感じだった」と語りました。

わかったこと のヒント
自分の考え、ほかの人の意見から参考になると思うことをまとめておきましょう。
- 本当にわかってもらえるか意識して原稿を作る
- 母語と日本語の表現の違いを意識して直訳だけで満足しない
- 音声で伝えることのむずかしさを意識する
- 説明しすぎないこと

[第6課] ニュースを伝える／89

第 7 課

紹介動画を制作する

はじめの一歩

絵をよく見て、次からの質問に答えましょう。

1. イラストの人のいいところを挙げましょう。

2. クラスメートとペアを組んでください。相手を観察してみましょう。以下の質問について考えましょう。

（1）相手の人が好きな色を当ててみましょう。

（2）相手の人のいいところを挙げましょう。

（3）（1）と（2）をふまえて、相手の人をほめてみましょう。

3. 話しおわったあとで、話しているときどんな気持ちになったか書きましょう。

―― どうしてもわからないときは **p.104** はじめの一歩のヒントへ ――→

考えよう

1. 相手の人の好きな色を考えるとき、どんなことをしましたか。それは当たりましたか。

2. 相手の人のいいところを挙げるとき、どんなことをしましたか。

3. 次の文は学校紹介の動画のはじめとおわりの原稿です。自由大学では日本で勉強したいと考えている人向けに、ウェブサイトに載せる動画を作成する予定です。この原稿を、聞いている人がわかりやすいように音声で伝えるにはどうすればいいでしょうか。また、どこに気をつけたらいいでしょうか。

日本に留学をお考えのみなさん、

自由大学のホームページにようこそ。

私たち留学生の目線で、

大学生活を紹介したいと思います。

どうぞご覧ください。

いかがでしたか。

日本での留学生活を

ぜひ実現させてくださいね。

自由大学で待っています。

整理しよう

- いいところをすぐに見つける目を養う

- いいところを的確に説明できるようにする

- 音声で正しく伝えるには、日本語の音の高低を意識する

わかったこと

自分の考え、ほかの人の意見から、参考になると思うことをまとめておきましょう。

──

──

──

──

──

──

──

── どうしてもわからないときは p.106 **わかったこと**のヒントへ ⟶

やってみよう

ある学校から紹介動画を作るように依頼がありました。学校への進学を考えている人たちにアピールできるような動画を作成します。

グループでどんな内容にするか話し合います。そして、紹介するトピックを一つ決めて原稿、スクリプトを書き、動画にします。大切なのは内容がおもしろいことに加えて、見ている人が、「行ってみたい」と思う魅力ある動画を作ることです。また、伝わる日本語で話すことも大きな目標です。

全体の流れ
・どこ（なに）を紹介するかを決める
　⇩
・アウトラインを作成する
　⇩
・原稿を作成する
　⇩
・撮影をする
　⇩
・映像を編集する

1. 気がついたことをできるだけ多くメモしてみましょう。

2. アウトラインを書きましょう。

場所・人の紹介	
アピールポイント	
特に何を強く伝えたいのか	

3. 絵コンテ（動画の設計図）と原稿（内容・セリフ）を書きましょう。

場所　イラスト	内容・セリフ

場所　イラスト	内容・セリフ

まとめよう

1. 「紹介動画を制作する」ことについてまとめましょう。

「紹介動画を制作する」とはどういうことだと思いますか。

「紹介動画を制作する」とは…

2. 発表についてまとめましょう。

（1）原稿について、工夫した点と実際の出来について感じたことを書きましょう。

（2）原稿はうまく書けましたか。自己評価をしましょう。

| 1回目 | 😄 うまくできた　5 …… 4 …… 3 …… 2 …… 1　うまくできなかった 😞 |
| 2回目 | 😄 うまくできた　5 …… 4 …… 3 …… 2 …… 1　うまくできなかった 😞 |

（3）動画はうまく作ることができましたか。自己評価をしましょう。

| 1回目 | 😄 うまくできた　5 …… 4 …… 3 …… 2 …… 1　うまくできなかった 😞 |
| 2回目 | 😄 うまくできた　5 …… 4 …… 3 …… 2 …… 1　うまくできなかった 😞 |

（4）ほかの人からの評価はどうでしたか。コメントをまとめておきましょう。

最後に…

今回の動画を制作するタスクで、あなた（あなたたち）の考えは見た人たちに伝わりましたか。

😊 うまく伝わった　5 …… 4 …… 3 …… 2 …… 1　うまく伝わらなかった ☹

はじめの一歩 のヒント

1. イラストの人のいいところを挙げましょう。
- 新聞を読んでいるなんてえらい
- 髪型がきちんとしている
- 服装が清潔そう
- 表情からいい人ということがわかる

2. クラスメートとペアを組んでください。相手を観察してみましょう。以下の質問について考えましょう。

（1）相手の人が好きな色を当ててみましょう。
- ピンク色 … ペンケースやカバンがピンク色だから

（2）相手の人のいいところを挙げましょう。
- 笑顔がいい
- おしゃれ
- 日本語が上手

（3）（1）と（2）をふまえて、相手の人をほめてみましょう。

〇〇さんの好きな色はピンクだと思うのですが、いかがですか。（はい、そうです。どうしてわかったんですか）ペンケースやカバンがピンク色なのと、よくピンクのシャツを着ているのを覚えていたので……。ピンク色がお似合いですよね。ピンクにもいろいろありますけど、〇〇さんの選ぶピンク色は落ち着いた大人の色という感じです。センスがいいと思います。……

3. 話しおわったあとで、話しているときどんな気持ちになったか書きましょう。
- 自分が意識していないことをほめられてうれしかった
- いつも色合いには気をつかっているので、それに気づいてくれたことはとてもうれしかった
- 相手の人はどうしてこんなにたくさんほめるところを見つけてくれるのか驚いた

考えよう のヒント

1. 相手の人の好きな色を考えるとき、どんなことをしましたか。それは当たりましたか。
- 相手を全体から観察して、次に各部分を観察していった
- 相手の持っている雰囲気などからイメージする色を考えた
- 好きな色は自然と持ち物に反映されると思い、カバンの中を見せてもらった
- 当たった。思った通り、好きな色の持ち物が多かった
- 当たらなかった。黒のイメージが強いので好きな色かと思ったら、色を考えるのが面倒なので、黒だけにしているとのことだった

2. 相手の人のいいところを挙げるとき、どんなことをしましたか。
- 第一印象でいい部分を挙げてみた
- 持ち物やファッションをよく見た
- 話し方や振る舞い方を観察した

3. 次の文は学校紹介の動画のはじめとおわりの原稿です。(以下問題文省略)

にほんにりゅうがくをおかんがえのみなさん
日本に／留学をお考えのみなさん、

じゆうだいがくのホームページにようこそ
自由大学のホームページに／ようこそ。／／

わたしたちりゅうがくせいのめせんで
私たち／留学生の目線で、

だいがくせいかつをしょうかいしたいとおもいます
大学生活を／紹介したいと思います。／／

どうぞごらんください
どうぞ／ご覧ください。

ここでは、日本語の音の高低を意識します。「／」では一拍分、「／／」は二拍分休んで話します。

いかがでしたか
いかがでしたか。／／

にほんでのりゅうがくせいかつを
日本での／留学生活を

ぜひじつげんさせてくださいね
ぜひ／実現させてくださいね。／／

じゆうだいがくでまっています
自由大学で／待っています。

※この課で使われているピッチパターンは以下のサイトを利用して作成しました。
「韻律読み上げチュータスズキクン」 http://www.gavo.t.u-tokyo.ac.jp/ojad/phrasing

わかったこと のヒント

自分の考え、ほかの人の意見から参考になると思うことをまとめておきましょう。

- いいところは必ずあることがわかった
- いいこと・ものをすぐに見つけられる目を養うことは大切だということがわかった
- 音声の高低によって、日本語の伝わり方が全然ちがうことがわかった

上級編

ゼロから創り、生み出すタスク

第 8 課

商品を売り込む

はじめの一歩

1. 上の写真を見てください。これを欲しいと思いましたか。それはどうしてですか。

....

....

2. 下の説明文を読んでください。

> これは、「手ぬぐい」です。手を拭いたり汗をぬぐったりするものです。
> 大きさはだいたい長さが 90 〜 100cm、幅が 33 〜 35cm くらいです。
> 素材は綿 100%です。

これを欲しいと思いましたか。それはどうしてですか。

....

....

3. 次のURLの発表を見たあと、以下の質問について考えてみましょう。

(http://www.bonjinsha.com/wp/shikooryoku)

（1）これを欲しいと思いましたか。それはどうしてですか。

（2）手ぬぐいのいいところはどんなところですか。

（3）そのほか、気がついたことをできるだけ多く書き出してみましょう。

——— どうしてもわからないときは p.120 はじめの一歩のヒントへ ⟶

[第8課] 商品を売り込む／111

考えよう

1. 手ぬぐいについて気づいたことをグループで話し合ってみましょう。自分が気づかなかった箇所、出てきた意見に賛成／反対する理由を出し合ってもいいでしょう。

2. 1. で話し合ったことを参考に、もし、手ぬぐいを知らない人たちが多く住む地域で売ることになったとき、どのような売り込み方を考えますか。まず、地域を仮定してから、その地域に合う売り込み方を考えましょう。

売り込み地域（どんな場所か）

手ぬぐいの利点（いいところ）

手ぬぐいの説明方法（どのようにしたら人々は興味を示すか）

3. 2．で作成したメモを参考にして、売り込み方をまとめてみましょう。グループごとに発表しましょう。

—— どうしてもわからないときは p.120 考えよう のヒントへ ——

整理しよう

モノの魅力を伝えるには
- 知識を豊富にする … 本人の好き、嫌いは関係ない
- 魅力をよく知る … 品物の背景、文化、歴史など（セールスポイントを多く探す）
- 話す相手とモノの関係 … 聴いている人たちとそのモノはどう関係しているか
- 「なくてもいい」から「あったら便利」へ

発表のポイント
- 画像や映像を効果的に使う … 多すぎず、少なすぎず、伝えたいものを整理する
- 実物を持参する … 百聞は一見に如かず

わかったこと

自分の考え、ほかの人の意見から、参考になると思うことをまとめておきましょう。

——— どうしてもわからないときは p.122 **わかったこと**のヒントへ ———>

やってみよう

下の6つの商品のうち、一つを選んでください。海外に売り込むためのプレゼン（発表）をしましょう。

A　ソックタッチ

B　モノ消しゴムブラック

C　南部鉄瓶

D　汁椀

E　長柄箒

F　菊花線香

[第8課] 商品を売り込む

A	ソックタッチ	発売元：白元アース くつしたを好きな位置でとめることができる。ズレない。ロールオンタイプ。シトラスアップルの香りと無香料の2種類ある。
B	モノ消しゴムブラック	発売元：トンボ鉛筆 定番の消しゴムのブラック版。消しゴムについた汚れが目立たない。また、消しクズが見やすいので掃除も楽。
C	南部鉄瓶(なんぶてつびん)	発売元：御釜屋 岩手県で作られているお湯を沸かす鉄瓶。 容量1.8L。
D	汁椀(しるわん)	発売元：喜八工房 国産の天然木で作られた汁椀。漆が使われている。
E	長柄箒(ながえぼうき)	発売元：棕櫚箒製作舎 高品質の棕櫚(しゅろ)の皮を使って丁寧に仕上げている。何年も長持ちする。
F	菊花線香(きっかせんこう)	発売元：りんねしゃ 合成ピレスロイド系殺虫剤をはじめ、化学成分を使用しない。着色剤を使わない自然な色。燃焼時間は約6時間。

1. 選んだ商品に関して詳しく調べてみましょう。

選んだ商品	

2. 1. で作成したメモを参考にして、商品を売り込むプレゼン（発表）を準備しましょう。必要なものを準備して発表しましょう。

はじめ	
本論① モノの説明	
本論② 商品の背景・ 歴史・文化など	
本論③ アピールポイント	
結論	

[第8課] 商品を売り込む

まとめよう

1. 「商品を売り込む」ことについてまとめましょう。

「商品を売り込む」とはどういうことだと思いますか。

```
「商品を売り込む」とは…
```

2. 発表についてまとめましょう。

（1）原稿について、工夫した点と実際の出来について感じたことを書きましょう。

（2）原稿はうまく書けましたか。自己評価をしましょう。

| 1回目 | 😄 うまくできた　5 …… 4 …… 3 …… 2 …… 1　うまくできなかった 😞 |
| 2回目 | 😄 うまくできた　5 …… 4 …… 3 …… 2 …… 1　うまくできなかった 😞 |

（3）発表用の資料はうまく作ることができましたか。自己評価をしましょう。

| 1回目 | 😐 うまくできた　5 …… 4 …… 3 …… 2 …… 1　うまくできなかった 😞 |
| 2回目 | 😐 うまくできた　5 …… 4 …… 3 …… 2 …… 1　うまくできなかった 😞 |

（4）ほかの人からの評価はどうでしたか。コメントをまとめておきましょう。

最後に…

今回の商品を売り込むタスクで、あなた（あなたたち）の考えは聞いている人たちに伝わりましたか。

😊 うまく伝わった　5 …… 4 …… 3 …… 2 …… 1　うまく伝わらなかった 😞

はじめの一歩 のヒント

1. 上の写真を見てください。これを欲しいと思いましたか。それはどうしてですか。
- 欲しい。日本っぽいデザインだから／ゆかたに合いそうだから／夏らしいから
- 欲しくない。使わないから／ただの布だから／興味がないから

2. 下の説明文を読んでください。これを欲しいと思いましたか。それはどうしてですか。
- 欲しくなった。大きさがちょうどいいから／かさばらないから／素材が天然だから
- 特に欲しくない。大きいから／持っているのはめんどくさそうだから

3. 次のURLの発表を見たあと、以下の質問について考えてみましょう。

（1）これを欲しいと思いましたか。それはどうしてですか。
- 欲しくなった。いろいろなものに使えるから／集めたくなったから
- 欲しくない。必要だと思わないから／興味がわかなかったから

（2）手ぬぐいのいいところはどんなところですか。
- タオルとして使える ● ラッピングペーパーの代わりになる ● 絵として飾ることができる
- 防災のときに（包帯や三角巾など）いろいろ使える ● 繰り返し使える
- 絵柄が季節を感じさせてくれる ● 日本の伝統的なもようが、身近に感じられる

（3）そのほか、気がついたことをできるだけ多く書き出してみましょう。
- タオル、体を洗うもの、帽子（バンダナ）、スカーフ、カバン、ナプキン（食事のとき使うもの）など、本当にいろいろなものに使えるからすごい
- 新しいときはタオルとして、古くなるにつれて台ふきん、ぞうきんとなる

考えよう のヒント

1. 手ぬぐいについて気づいたことをグループで話し合ってみましょう。自分が気づかなかった箇所、出てきた意見に賛成／反対する理由を出し合ってもいいでしょう。
- 日本の伝統品という側面もあるが、一方で日常生活に根ざしたものであると思う
- 興味はないけれど、使い方次第でいろいろ使えるものだからおもしろいと思う
- ただの布なのに、生地と違って大きさがだいたい決まっているというのがおもしろい
- 銀座で手ぬぐい店を見たことがある。観光客だけでなく多くの日本人が店にいた
- 土産物ではなく、実際に生活で使っている人が多くいるのだと感じた
- パーティーのとき、部屋の飾りつけにも使えるのではないか

2. 1. で話し合ったことを参考に、もし、手ぬぐいを知らない人たちが多く住む地域で売ることになったとき、どのような売り込み方を考えますか。まず、地域を仮定してから、その地域に合う売り込み方を考えましょう。

売り込み地域（どんな場所か）
- 高温多湿の国（東南アジア）

手ぬぐいの利点（いいところ）
- 首にかけておけば、すぐに汗をぬぐうことができる
- バンダナのように頭に巻いておけば、汗が顔に垂れてこない
- 汚れたらすぐに洗えるし、薄いのですぐに乾く
- 古くなったらふきんやぞうきんとして再利用できる（長く使える）
- 旗（目印）としても使える
- 絵としても使える

手ぬぐいの説明方法（どのようにしたら人々は興味を示すか）
- 実演販売のように実物を前に説明する
- 画像、映像を見せる
- 現物に触ってもらう
- 日本でどのように使われているかを見てもらう

3. 2.で作成したメモを参考にして、売り込み方をまとめてみましょう。グループごとに発表しましょう。

[上級レベルの例]

　　　売り込み地域は東南アジアの国を想定しています。日本の伝統的な商品なので、高温多湿の地域なら使用感で共感を得られる可能性が高いと思ったからです。
　　　はじめに、手ぬぐいの利点について説明します。暑い国なので、汗が簡単に拭える、そして汚れたらすぐに洗えるし、乾くのが早いということも強調したいと思います。タオルのように、また帽子やバンダナのように使えば、汗に悩まされることもありません。（★日本で実際に力仕事をする人たちが手ぬぐいをかぶっている画像を紹介）古くなったら台ふきんやぞうきんとして使えるので、環境にもやさしいです。実際に使うのがもったいないと感じる人には、装飾品としても十分使えることを紹介します。例えば、テーブルセンターやボックスティッシュカバーです。自分の気に入ったもよう、あるいは季節によってもようを変えることもできます。（★テーブルセンター、ボックスティッシュカバー、額縁などの画像を紹介）紹介するとき、画像や映像だけでは限界があるので、実物に触ってもらいます。また、実際に頭に巻いたりスカーフにしたり、体験もしてもらいます。

[中級レベルの例]

　　　売り込み地域は暑くて乾燥した地域です。日本の気候と違いますが、そこでどのように使えるか考えました。
　　　はじめに、手ぬぐいのいいところについて紹介します。暑い国なので、汗が簡単にふけて汚れたらすぐに洗えて乾きます。もし、水が大切であまり洗えなかったら、はたきます。これで砂やほこりは取れます。タオルのように、帽子のように、そしてマスクのようにも使えます。（★日本で実際に人々が手ぬぐいをかぶっている、ほこりっぽい場所でマスクのように使っている画像を紹介）古くなったらぞうきんとして使えます。首に巻けば、体の中に砂ぼこりがあまり入りません。いつでも清潔です。紹介するとき、手ぬぐいを持っていきます。そして、頭にかぶったりスカーフにしたり、体験してもらいます。

わかったこと のヒント

自分の考え、ほかの人の意見から参考になると思うことをまとめておきましょう。

- 自分の好き嫌いに関係なく、見つけようと思えば長所が見つけられることがわかった
- ただの布なのに、いいところを考えているうちに魅力的になるから不思議だった
- 日本人が知らない新しい使い方を考えたいと思った
- 言いたいことはたくさんあるけれど、全部を言ったら伝わらない
- 必要なことだけ、伝えたいことだけをきちんと整理すること

第 **9** 課

新キャラを生み出す

はじめの一歩

©sunwest

©dentsu

©JAPAN POST Co., Ltd.

キャラクターを見てください。
これらのキャラクターを見たことがありますか。
次のページからの質問に答えましょう。

1. 「ゆるキャラ」ということばを聞いたことがありますか。それはなんですか／なんだと思いますか。

2. 「ゆるキャラ」をどう感じますか。

3. 「ゆるキャラ」の長所は何ですか。

―― どうしてもわからないときは p.136 はじめの一歩のヒントへ ――→

考えよう

1. | ゆるキャラ以外にもいろいろなキャラクターがあります。どんなキャラクターを知っていますか。その中にあなたの好きなキャラクターはありますか。それはどうしてですか。

2. | ゆるキャラは子どもだけのものでしょうか。また、それはどうしてでしょうか。

3. | ゆるキャラはあなたの国で採用されるでしょうか。また、それはどうしてでしょうか。

——— どうしてもわからないときは p.136 考えよう のヒントへ ——→

整理しよう

- キャラクターにはそれぞれ名前、性格、特技などきちんとした設定がある

- キャラクター設定が決まると、おのずとキャラクターの性格がはっきり見えてくる

- キャラクター設定をすると、どんな容姿がいいか見えてくる

- キャラクターによって、売り上げや知名度が上がるといった効果が生まれてくる

わかったこと

自分の考え、ほかの人の意見から、参考になると思うことをまとめておきましょう。

―― どうしてもわからないときは p.137 **わかったこと**のヒントへ ――→

やってみよう

あなたの所属するところ（学校、クラス、クラブ……）の新しいキャラクターを作ってください。小グループに分かれてコンペを行います。そして投票で一位になったグループのキャラクターが採用されます。

発表も行いますが、発表を見に来られない人たちのために、投票締め切りの1週間前から廊下にポスターを貼ります。ポスターと発表原稿を準備してください。

全体の流れ

・どんなキャラクターにするか話し合う

⇓

・キャラクターを設定する

⇓

・キャラクターを描く

⇓

・発表ポスターを作成する

⇓

・プレゼン用資料を作成する（必要だと思う場合、準備してください）

⇓

・発表原稿を作成する

1. キャラクターメモを作成しましょう。（例：名前、性格、特技など）

本論③	
アピールポイント	
結論	

まとめよう

1. 「新キャラを生み出す」ことについてまとめましょう。

「新キャラを生み出す」とはどういうことだと思いますか。

「新キャラを生み出す」とは…

2. 発表についてまとめましょう。

（1）原稿について、工夫した点と実際の出来について感じたことを書きましょう。

（2）原稿はうまく書けましたか。自己評価をしましょう。

| 1回目 | 😊 うまくできた　5 …… 4 …… 3 …… 2 …… 1　うまくできなかった 😞 |
| 2回目 | 😊 うまくできた　5 …… 4 …… 3 …… 2 …… 1　うまくできなかった 😞 |

（3）ポスターはうまく作ることができましたか。自己評価をしましょう。

| 1回目 | 😊 うまくできた　5 …… 4 …… 3 …… 2 …… 1　うまくできなかった 😞 |
| 2回目 | 😊 うまくできた　5 …… 4 …… 3 …… 2 …… 1　うまくできなかった 😞 |

（4）ほかの人からの評価はどうでしたか。コメントをまとめておきましょう。

最後に…

今回の新キャラを生み出すタスクで、あなた（あなたたち）の考えは聞いている人たちに伝わりましたか。

😊 うまく伝わった　　5 ⋯⋯ 4 ⋯⋯ 3 ⋯⋯ 2 ⋯⋯ 1　　うまく伝わらなかった ☹

はじめの一歩 のヒント

1. 「ゆるキャラ」ということばを聞いたことがありますか。それはなんですか／なんだと思いますか。
- 「ゆるい」はリラックスの意味だと思う。だから見ているとリラックスできるようなキャラクターを意味することばだと思う
- 「くまモン」や「チーバくん」などを指すことば。日本ではいろいろなところで目にする
- 知らない。でも何かのキャラクターのことだと思う

2. 「ゆるキャラ」をどう感じますか。
- 日本という国がますますわからなくなった
- オリンピックごとにご当地マスコットが作られるのと同じ考えだと思う
- 役所などのお堅い場所にも親しみが持てると思う
- 子どものころから親しんでもらえば、企業にとっての宣伝効果は大きい

3. 「ゆるキャラ」の長所は何ですか。
- 警戒心なく親しめる
- かわいい→好き につながる
- 特徴が一目でわかる
- 人気が出れば経済効果が期待できる

考えよう のヒント

1. ゆるキャラ以外にもいろいろなキャラクターがあります。どんなキャラクターを知っていますか。その中にあなたの好きなキャラクターはありますか。それはどうしてですか。
- サンリオのキャラクター
- ディズニーのキャラクター
- 学校のキャラクター … 学校のウェブサイトで知った
- ドラえもん … 困ったときに助けてくれるから
- 仮面ライダー … かっこいいから
- スクービー・ドゥー (Scooby-Doo) …ずっこけだけど憎めないから

2. ゆるキャラは子どもだけのものでしょうか。また、それはどうしてでしょうか。
- ふつうは子どもだけのもの。でも日本ではちがうと思う。日本文化は変わっていると思う
- 子どもだけのものでなくていいと思う。大人になってもかわいいものは好きでいいと思うから
- ゆるキャラはいわゆる「つかみ」である。だから対象者は大人も入ると思う

3. ゆるキャラはあなたの国で採用されるでしょうか。また、それはどうしてでしょうか。
- 定着しない。マンガ文化さえ定着していないのだから、無理だと思う
- 今はしないが、将来はすると思う。日本のサブカル文化を知る人口分布が増えれば変わっていくと思う
- 定着すると思う。自国の政府観光庁にはキャラクターがあるから

わかったこと のヒント

自分の考え、ほかの人の意見から参考になると思うことをまとめておきましょう。

- 丸くてかわいいだけではなく、「キモカワ」キャラクターも支持される場合がある
- 目にする回数が多ければ多いほど、認知度が増す
- キャラクター設定をしっかりしたほうがいい
- ゆるいだけではなく、世界にはさまざまなキャラクターが存在する

応用編

「むずかしい」をわかりやすく伝えるタスク

第10課

専門分野を
わかりやすく説明する

考えよう

自分の専門分野以外の論文を読んだことがありますか。
次のページからの質問に答えましょう。

1. 「論文」ということばを聞いて、どんな印象を受けますか。

2. 専門性の高い内容は専門外の人には難解です。一般の人たちにわかりやすく説明するにはどうしたらいいでしょうか。

―― どうしてもわからないときは p.149 **考えよう**のヒントへ ――→

［第10課］ 専門分野をわかりやすく説明する／143

整理しよう

- 専門用語はできるだけ避ける

- 専門の要素を基本的なことばに置き換える

- 論文の内容を全部説明するのではなく、考え方や方向性を伝える

- 身近なところで役立っていることを説明できたら親近感が増す

わかったこと

自分の考え、ほかの人の意見から、参考になると思うことをまとめておきましょう。

——— どうしてもわからないときは p.149 **わかったこと**のヒントへ ——→

やってみよう

あなたの専門分野の論文を一つ以上選び、それを紹介しながら研究内容をわかりやすいことばで紹介しましょう。

1. 以下にメモを作成しましょう。

（1）専門について

（2）論文について

（3）研究について

2. 発表用の原稿を作って発表しましょう。

まとめよう

1. 「専門分野をわかりやすく説明する」ことについてまとめましょう。

「専門分野をわかりやすく説明する」とはどういうことだと思いますか。

> 「専門分野をわかりやすく説明する」とは…

2. 発表についてまとめましょう。

（1）原稿について、工夫した点と実際の出来について感じたことを書きましょう。

（2）原稿はうまく書けましたか。自己評価をしましょう。

| 1回目 | うまくできた 5 …… 4 …… 3 …… 2 …… 1 うまくできなかった |
| 2回目 | うまくできた 5 …… 4 …… 3 …… 2 …… 1 うまくできなかった |

（3）「これは人に自慢できる」という工夫ができましたか。自己評価をしましょう。

| 1回目 | うまくできた 5 …… 4 …… 3 …… 2 …… 1 うまくできなかった |
| 2回目 | うまくできた 5 …… 4 …… 3 …… 2 …… 1 うまくできなかった |

（4）ほかの人からの評価はどうでしたか。コメントをまとめておきましょう。

最後に…

今回の専門分野をわかりやすく説明するタスクで、あなた（あなたたち）の考えは聞いている人たちに伝わりましたか。

😊 うまく伝わった　5 …… 4 …… 3 …… 2 …… 1　うまく伝わらなかった ☹

考えよう のヒント

1. 「論文」ということばを聞いて、どんな印象を受けますか。
- むずかしい
- 理解できない
- 専門外の人には理解してもらえない
- 研究の最先端

2. 専門性の高い内容は専門外の人には難解です。一般の人たちにわかりやすく説明するにはどうしたらいいでしょうか。
- 専門的で難解な数式は省略する
- 平易なことばに置き換える
- キーワードは紹介してもいいかもしれない
- 一般的なモノやことと関連づけられるところがあったら、それを説明に使う

わかったこと のヒント

自分の考え、ほかの人の意見から参考になると思うことをまとめておきましょう。
- 論文の内容をすべて説明しなくていい
- 普段の生活と専門分野がどのようにつながっているのかを説明できたらいい
- 一般の人が説明を聞いて理解してくれたら、専門分野が生活に役立つものであることをもっと広められると思う

画像提供

栂尾山高山寺（第 1 課　鳥獣人物戯画 甲巻）

マウリッツハイス美術館（第 1 課　As the Old Sing, So Pipe the Young）

相田みつを美術館（第 2 課　うばい合えば足らぬ、わけ合えばあまる）

JASRAC（第 2 課　福山雅治『道標』JASRAC 出 1911307-901）

株式会社ロボット（第 3 課　つみきの家）

白元アース（第 8 課　ソックタッチ）

トンボ鉛筆（第 8 課　モノ消しゴムブラック）

御釜屋（第 8 課　南部鉄瓶）

喜八工房（第 8 課　汁椀）

棕櫚箒製作舎（第 8 課　長柄箒）

りんねしゃ（第 8 課　菊花線香）

FACT（第 9 課　夕張夫妻）※ p.124 上

電通（第 8 課　けんけつちゃん）※ p.124 左下

日本郵便（第 8 課　ぽすくま）※ p.124 右下

協力者

阿　娜（ア　ナ）

上野　振宇（ウエノ　シンウ）

江幡　むつみ（エバタ　ムツミ）

Nguyen Thi Phuong（グエン　ティ　フォン）

Zhang Xin（ジャン　シン）

鐘　捷渝（ショウ　ショウユ）

邵　東偉（ショウ　トウイ）

鈴木　満里（スズキ　マリ）

曹　悦（ソウ　エツ）

Huynh Tran Nhat Minh（フィン　チャン　ニャット　ミン）

姚　静雯（ヨウ　セイブン）

李　珍光（リ　チンクワン）

後藤倫子（ごとうのりこ）

目白大学日本語教育センター、東京外国語大学留学生日本語教育センター、東京神学大学 兼任講師

1997年桜美林大学大学院博士前期課程修了（国際学修士）

著書『聴解が弱いあなたへ』『読解をはじめるあなたへ』『短期マスター 日本語能力試験ドリル N1』（ともに共著、凡人社発行）

思考力を育てる　実践！ 発表プロジェクト

2019年12月1日　初版第1刷発行

著　　　者	後藤倫子
イ ラ ス ト	KEPT チバコウゾウ
カバーデザイン	KEPT チバコウゾウ
レイアウトデザイン	コミュニケーションアーツ株式会社
印刷・製本	倉敷印刷株式会社
発　　　行	株式会社 凡人社 〒102-0093　東京都千代田区平河町1-3-13 電話 03-3263-3959

定価はカバーに表示してあります。乱丁本・落丁本はお取り換えいたします。
＊本書の一部あるいは全部について、著作者から文書による承話を得ずに、いかなる方法においても無断で、転載・複写・複製することは法律で固く禁じられています。

ISBN 978-4-89358-958-3
©Goto Noriko, 2019　Printed in Japan

思考力を育てる 実践！発表プロジェクト

解説・解答例

http://www.bonjinsha.com/wp/shikooryoku
※参考資料を公開していますのでご活用ください。

第1課　絵を読む

【この課のねらい】
①描かれた絵の意味を読み取る
②絵の意味をひとまとまりの話にまとめる
③絵から読み取った情報を聞き手にわかるように発表する

【はじめの一歩】（p.4）
ここでは絵からどんな情報が読み取れるか、時間をかけてじっくり観察させます。質問を読む前に絵だけ見る時間を与えてください。どんなことに気がついたかクラス全体で確認します。
細部まで観察できた学生の答えは、それに気づかなかった学生にはいい刺激になるはずです。自分では気がつかなかったことにクラスメートは気がつき、反対に自分が気づいたことにクラスメートは気づかなかった場合、お互いに「そうか！」と思える瞬間を分かち合うことができます。

【考えよう】（p.6）
クラスで小グループをいくつか作り、グループで話し合いながら考えをまとめます。出てきたさまざまな答えについて話し合い、気がついたことをメモします。自分が気づかなかった箇所の話でもいいし、出てきた意見には反対であるという理由を話し合ってもかまいません。また、新たな意見を出し合ってもいいでしょう。話し合ううちに、自分の考えが整理されていくのがねらいです。
最後にグループで一つの話にまとめてみます。ただし、グループでうまく意見がまとまらない場合は、出てきた意見をそのまま紹介してもいいでしょう。同じ絵でも見る人によってさまざまな見かたがあるということを体験します。上級レベルでは物語とともに絵が伝えたいことは何かを紡ぎだすことを目標にしますが、中級レベルでは、絵を見てその状況を忠実に表現できるだけでも十分練習になるでしょう。発表をするので原稿は「です・ます体」で書きます。

【整理しよう】（p.8）
これまでにクラスで発言された事がらをここで整理します。絵の読み方をここでいったん整理します。絵の構図を意識する例としては、【はじめの一歩】の絵は「右と左」そして「手前と奥」に分けてみました。【やってみよう】の絵はどのように構図をとらえることができるでしょうか。

【わかったこと】（p.8）
ここまでで、絵を読むための方法や見かたなどについて理解したことを自分のことばでまとめておきます。各自のまとめが終わったあとで、全体のまとめとして教師が鳥獣人物戯画を紹介してもいいでしょう。

【やってみよう】（p.9）
1. 絵をよく見て、気がついたことをできるだけ多く書き出してみましょう。
    グループで話し合う前に、各自で気がついたことをメモし、その後グループで話し合うのもいいでしょう。また、はじめからグループで話し合いながら気がついたことをメモしていくのもいいでしょ

う。そして一つの話にまとめてみます。グループでうまく意見がまとまらないときは、無理してまとめなくても、それらの話をそれぞれ紹介してもいいでしょう。

解答例
- 秋か冬（服を着こんでいるから）（女の人の足元にあるのはあんか？）
- 大人の顔は笑っているがいい笑顔に見えない（薄笑い）（皮肉っぽい）（意地悪な感じ）
- 子ども（中心の赤ちゃんを含めて3人）右側の二人は顔がこわばっている
- 絵の中心にあるものは「子ども」「ぶどう」「赤ワイン」「パン」
　　→幼児洗礼？　でも、神聖な感じではないと思う
- おばあさんが持っているのは聖書？→薄いからちがうのでは
- ある祝いの日を切り取った風景ではない
　　→ 一カ所に集まりすぎている、ごちゃごちゃしている、テーブルが小さすぎる
- なぜ狭い絵なのか→何かの象徴を表したいから、意図的に一カ所に集める
- 大人が子どもにたばこを吸わせている→いけないこと
- 鳥が3羽いる
- バグパイプ→スコットランド？　ヨーロッパのどこかの国
- 右側の壁の釘は何のため→オウムがいろいろなところに飛んでとまる
　　（いけないことを広める意　このことから子どもも大人に汚染される）
- 犬→忠実さ、　オウム→真似→堕落
- 甕（かめ）、ビン→ワイン→酒
- 絵の構成→中心が神聖（純粋）を表し、外へ向かえば向かうほど世俗的（堕落、怠惰）

2. この絵についてグループで話し合ってみましょう。気づいたことを「絵の説明」と「絵が伝えたいこと」に分けて、メモをまとめてみましょう。

絵の説明（見かた）　**解答例**
- ヨーロッパの昔の絵
- 幼児の洗礼式
- 季節は秋か冬（服を着こんでいるから）
- 大人たちはかなり酔っている
  - 酔った大人たちは子どもによくないことを教えている（タバコを吸わせている）
  - 使用人はまだワインをグラスに注いでいる

絵が伝えたいこと　**解答例**
- 純真なものがだんだん世俗の色に染められていく
- ほんの少し羽目を外すと取り返しのつかなくなることがある
- 象徴的に狭いところに多くを描くことで、音の大きさやにぎやかさを示している
- 鳥が3羽（特にオウムは「まねる」を表す）
- 子どもは良いことも悪いこともまねる
- 絵の中心が純真無垢、外へ向かうほど世俗的で堕落した世界を表している
- 犬は常に忠実であることを表している　→使用人
- 中心の幼児は硬い表情　周りの大人のほうが生き生きしている　→矛盾
- 誘惑が多く取り巻く中で正しく生きるということは非常にむずかしい
- 多くの人は、安易で居心地のいい方へ向かいがちである

3. 2．で作成したメモを参考にして、この絵に描かれていることを一つの話にまとめてみましょう。また、ポスターや写真など必要な資料を準備して発表しましょう。

解答例1 上級レベル

　家族で幼い子どもの成長を喜び、パーティーが開かれています。主役の幼児は乳母の腕の中で眠っています。老婆が何かおもしろい内容の記事を皆に読み聞かせています。大人たちはすでにかなり酔っているようです。老婆の話を聞いて陽気に笑っています。右側では子どもにたばこを吸わせている者がいます。酔っていて道徳的倫理が機能していません。左側の女性は幼児の母親だと思われます。普段の子育てから解放されお酒を楽しんでいます。どこか艶やかな印象です。使用人が派手なパフォーマンスでワインをグラスに注いでいます。まだパーティーは終わりそうにありません。

　この絵は中心に純真無垢の象徴である幼児を描き、この中心から放射線状に外に向かって世俗的な世界を表しています。絵の中心には幼児のほかにパンやワインといったキリスト教的神聖さを表しながらも、成長すればするほど（この絵では、外へ向かえば向かうほど）世俗的になってしまう人間世界を表しています。犬とオウムは相対するものを表現しています。犬は忠実さを、オウムは堕落です。犬の視点の先は子どもです。子どもは大人の影響を受けて育ちます。よいものにも悪いものにも感化されます。オウムは、パイプをくわえさせられている子どもが大人の「まね」をすることにより堕落（あるいは世俗化）することを表しています。忠実さと堕落を示すものは大人たちにも読み取ることができます。まずは、中心の二人の男女です。この二人は使用人と思われます。使用人は主人に忠実に働きます。主人たちは羽目を外して子どもたちにいい影響を与えていません。こちらは堕落した世界を表しています。中心でワインが高々と揚げられたところから注がれています。色は魅惑的です。宗教的には神聖なものであると同時に、お酒に飲まれて人生を台なしにするかもしれない危険性を表しています。そしてこれは引力には抗えない、つまり人は強い意志を持って理性的に行動しないと容易に没落してしまうことを表しているのだと思います。その証拠に、中心ですやすや眠る幼児はどこか硬い表情に見えます。本来幼児は柔らかいものなのに、これから生きていく人間社会にためらいの緊張感を表しているように見えます。

解答例2 中級レベル

　赤ちゃんがお母さんの腕の中で安心して眠っています。赤ちゃんのおばあさんがみんなに本を読み聞かせています。ほかの大人たちはお酒をたくさん飲んだので酔っています。みんな顔が赤いです。おばあさんの話を聞いて笑っています。右側には子どもにタバコを吸わせている男の人がいます。本当は子どもにさせてはいけないことなのに、みんな酔っていて誰も注意しません。使用人がワインをグラスに注いでいます。まだパーティーは終わりそうにありません。

　この絵は写真にとるような本当の風景ではないと思います。大人も子どもも犬も鳥も狭い場所に描かれています。でも、こう描くことで鳥の声、人々の笑い声、犬の声、乾杯でグラスを合わせる音、楽器の音など、さまざまな音が大きく聞こえている様子が想像できます。とてもにぎやかです。また、お酒を飲んでいることからあまりまじめな状況ではなく、子どもに悪い影響を与えていると思います。よいものが悪いものによって汚されてしまうこと、これは残念な人間の世俗世界を表しているのだと思います。

上記の原稿をもとに発表をします。その際、キーワードや着目してほしいものなどを可視化し、聴衆にわかりやすいように工夫します。例えば、発表用資料やポスターなどを準備します。発表を補助するためのものなので、大がかりなものを作る必要はありません。何もなくても聞き手をとらえる秘策があるのなら、無理に作らせなくてもいいでしょう。

【まとめよう】（p.12）

1．「絵を読む」ことについてまとめましょう。
　　「絵を読む」とはどういうことだと思いますか。
　解答例　・なぜその絵を描いたのか、描いた人の気持ちになって考えるということ
　　　　　　・絵の意味を読み取ること
　　　　　　・一枚の絵の中にある物語を読むこと
　　　　　　・細かいところまでよく見ること

2．発表についてまとめましょう。
(1) 原稿について、工夫した点と実際の出来について感じたことを書きましょう。
　解答例　・頭の中ではわかっていても、実際に文にしてみるとむずかしい
　　　　　　・アウトラインを書いてから文にしたので、結構わかりやすかったと思う
　　　　　　・絵を手前と奥に分けて考えたのは、うちのグループだけだと思う
　　　　　　・言いたいことがうまく書けなかった

(2) 原稿はうまく書けましたか。自己評価をしましょう。
　解答例　3と4の間 … 原稿はよかったけれど、うまく伝わっていない箇所があって残念だった

(3) 発表用の資料はうまく作ることができましたか。自己評価をしましょう。
　解答例　3と4の間 … はりきってたくさん作ってしまった。もっと単純に作ったほうがよかった
　　　　　　2 … 面倒だからと作らなかったら、内容を理解してもらえなかった

(4) ほかの人からの評価はどうでしたか。コメントをまとめておきましょう。
　解答例　・プロジェクターを使うと、立つ位置も意識しなければならないことがわかった
　　　　　　・原稿を読んでばかりいると言われた
　　　　　　・声が小さくて聞こえないと言われた
　　　　　　・発表用資料の日本語が間違えていた
　　　　　　・1回目より2回目のほうがとてもわかりやすくなったと言われた

【参考】

「絵を読む」ことはいろいろな絵でできます。自分の好きな絵を読むのもおもしろいと思います。参考までに、以下いくつかの絵を挙げておきます。
　1．歌川国芳『百ものがたり』
　2．鳥居禮『三島の富士』
　3．ジャン＝フランソワ・ミレー『子供たちに食事を与える農婦』(Jean-François Millet Feeding the Young)
　4．ノーマン・ロックウェル『鏡の少女』(Norman Rockwell Girl at the Mirror)

第2課　詩を描く

【この課のねらい】
①書かれた詩の意味を読み取る

②詩の情景を描くことができる

③詩が伝えたいことを聞き手にわかるように発表する

【はじめの一歩】（p.18）
1. 何も見ないでAにミッキーマウスを、Bにはかわいい犬を描かせます。Aでミッキーマウスというとみな同じキャラクターを頭に思い浮かべるのに対し、Bはそれぞれに想像する犬が異なることを知ります。この課では、Aのように固定化された概念から解きはなたれ、Bのような創造が無限である感覚で詩を味わってほしい、そのための準備体操のようなタスクです。
2. この詩は、世界のどの地域にもありそうな題材です。ですから意味はすぐにわかります。ところが、実際に頭に思い描ける絵はあるのに、何を伝えようとしているのかわかっているはずなのに、いざ文にまとめようとするとうまく説明できない場合があります。ここではそのことに改めて気づかせ、頭の中の曖昧な画像をまず可視化してみる、そしてわかりやすい文章で表現することに導きます。

【考えよう】（p.20）
クラスで小グループをいくつか作り、グループで話し合いながら考えをまとめます。クラスが少人数の場合は、個人で行ってもいいでしょう。詩の内容の説明とこの詩が伝えたいことを分け、発表する原稿を作ります。発表をするので原稿は「です・ます体」で書きます。

【整理しよう】（p.22）
これまでにクラスで発言された事がらを、詩の読み方、詩の味わいかたをここでいったん整理します。

【わかったこと】（p.22）
ここまでで、詩を味わうための方法や見かたなどについて理解したことを自分のことばでまとめておきます。

【やってみよう】（p.23）
まず、学生にはスマホを使わないように徹底させてください。この詩の作者、タイトル等の種明かしは発表が終わった後にします。自分（自分たち）で感じ考えるように促します。
1. 詩をよく読んで、気がついたことをできるだけ多く書き出してみましょう。

    その手：母の手

    母の私に対する愛

    大人になって知る母の偉大な愛

    愛に出逢い…の部分：私が体験したさまざまな愛の形

    辛いときも　そこには母の笑顔がある→それは私の生きる指標→道標である
2. この詩についてグループで話し合ってみましょう。気づいたことを「詩の説明」と「詩が伝えたいこと」

に分けて、メモをまとめてみましょう。

詩の説明（味わいかた）　解答例
・母の私に対する愛の歌
・子に対する親の愛の歌
・子どものために諦めたこともきっとあっただろう（それを子は大人になって知る）
・私が困難なときもそっと見守っていてくれる大きな愛

詩が伝えたいこと　解答例
・手　それは、母の働く手、苦労した手、苦労して働いて子を育てあげた
・種をまく背中　農家、苦労の姿、懸命に生きる
・愛に出逢い、愛を信じ…　これは私（子）が体験するさまざまな愛の形
・私（子）が落ち込んでいるときも、そこには母の優しいまなざしがいつもある
・だから私（子）は風に飛ばされそうになっても、時に迷っても、生きる道（道標）があるから今日も生きていける

---

3. 2．で作成したメモを参考にして、この詩に書かれていることを一つの話にまとめましょう。また、ポスターや写真など必要な資料を準備して発表しましょう。

解答例1　上級レベル

　　これは、母の子に対する愛の詩です。親の子に対するかけがえのない愛とも取れますが、ここではあえて「母と子」としたいと思います。母が自分のためにしてくれたさまざまなことを、子は大人になって昔を振り返り悟ります。「まっすぐ生きて」は実直に生きるさまを表しています。そして、この家は農家であったことが伺えます。辛い雨のときも働いている、一つひとつ種をまく背中を思い出しては、きっと自分のために諦めたこともあっただろうと感じます。しかし、困難なときもいつも笑顔で接する、そのことに子は感動します。子が愛に出逢い、それを信じ、またそれにやぶれたときも、また愛をゆるしそれを知るときも、母は優しく大きな愛（笑顔）で包んでくれている。子が困難につぶれそうなときも、生きる道を示してくれる母の笑顔は道標であるという内容です。

　　「その手」は、母の苦労した、苦労して働いて子を育てあげた手です。きっと日焼けをしたしわの多いごつごつした手なのだと思います。でも、その手は子を育て上げた証です。「種をまく背中」は農家の苦労の姿と懸命に生きる者を表しています。背中は語ると言いますが、ことばでは言い表せない苦悩や悲愴ややるせない想いなどが読み取れたのだと思います。3段落目は子の体験だと思います。「愛に出逢い、信じ、やぶれて、憎み、ゆるし、また愛を知る」、これは人間の営みです。自分の足で立てず、風に吹かれてどこかに飛ばされてしまいそうなときも、生きるこの道を照らす母の愛がそこにはある。生きる道（道標）があるから今日も生きていけると結んでいます。

解答例2　中級レベル

　　これは、子どもが母に感謝している詩です。子どものとき、いつも見ていた母のことを大人になって思い出しました。子どものときは気がつかなかったけど、大人になってわかったことがたくさんありました。

　　一段落目は、今の母について私が感じていることです。その手はきれいではありません。でも、その手は私を育ててくれた手だからとても大切です。

　　二段落目は、私が昔を思い出しています。その背中を思い出すと、いろいろな思いが出てきます。

私は大人になって、今わかったことがたくさんあります。

　三段落目は、私のことです。いいこともありましたが、悪いこともありました。でも、それが人の道です。いいときも悪いときも、進まなければなりません。

　最後の一行は、弱い私への大きな力、「あなたの笑顔　それは道標」と言っています。私は、母の笑顔に勇気をもらって、それを目標にまた歩きはじめるということを表しています。

【まとめよう】（p.26）

1．「詩を描く」ことについてまとめましょう。

　「詩を描く」とはどういうことだと思いますか。

解答例　・詩の情景を絵として描けるほど読み込むということ
　　　　　・短い詩から大きな世界を読み取ること

2．発表についてまとめましょう。

(1) 原稿について、工夫した点と実際の出来について感じたことを書きましょう。

解答例　・三段落目は母のことなのか私のことなのか、どちらとも取れた
　　　　　・母に限定していいのか両親なのか最後まで悩んだ

(2) 原稿はうまく書けましたか。自己評価をしましょう。

解答例　3…頭でわかっていることなのに文にするとうまくいかなかった

(3) 発表用の資料はうまく作ることができましたか。自己評価をしましょう。

解答例　4…絵ばかり使ってしまったが、歌詞を示してそこを説明したほうがよかった
　　　　　5…イメージ画像を多用したが、聞いている人は理解しやすかったと思う

(4) ほかの人からの評価はどうでしたか。コメントをまとめておきましょう。

解答例　・ポスターが読みにくいと言われた
　　　　　・日本語がずいぶん上手になったねと言われた
　　　　　・発表の切り口がほかのグループと違っておもしろいと言われた

【参考】

　「やってみよう」の歌詞が、福山雅治の『道標』であることは最後まで伏せておきます。できれば全員の発表が終わったあとで音楽を流します。このほか、以下の詩や歌謡なども同様のタスクに使えます。

1．相田みつを『道』
2．アンジェラ・アキ『お願い』
3．片岡鶴太郎『たたかれても　ほされても　味を出す』
4．中田ヤスタカ『ぎりぎりセーフ』

　相田みつを氏の詩はわかりやすく、深く考えることができるものが多いのでお勧めです。また短いので時間がないときにも使えます。歌謡曲の歌詞も味わい深いものが多いです。上に挙げたアンジェラ・アキの歌詞は、そのほとんどが「て形」なので、中級レベルの学習者でも理解できます。歌詞を使う場合は、古すぎず新しすぎず、有名すぎず、内容がひとまとまりにできるものを使うといいでしょう。日本語だけの歌詞のものをお勧めします。

第3課　映画をみる

【この課のねらい】

①伝えたいことを読み取る

②シンボル、キーワード、テーマなどを見つけ出す

③②を使って映画の内容を聞き手にわかるように説明する

【はじめの一歩】（p.32）

『つみきのいえ』は10分程度の短編映画です。セリフもナレーションもありません。そのため、あらすじを説明させるとき、学生の日本語力に応じて自由に表現できる利点があります。まずは、何も言わずに1回見せたあと問題に挑戦させましょう。必要ならばもう一度見せてもいいでしょう。

【考えよう】（p.34）

ほとんどの学習者はこの映画がどんな話か説明できるでしょう。しかし、いざ説明しようとすると、あらすじを語るだけで終わってしまう学習者が多くいます。ここでは映画に出てきた「モノ」や「キーワード」などシンボルになるものを探させ、それに着目させます。そうすると今まで考えなかった物事の切り口が見えてきます。

【整理しよう】（p.36）

映画をみるときの手順です。これまでのタスクからクラスで話し合ったり学んだりしたことをここで整理しておきます。

【わかったこと】（p.36）

ここまでで、理解したことや新しい発見など、自分のことばでまとめておきます。

【やってみよう】(p.37)

1. キャラクターの設定、シンボルなど、気がついたことをできるだけ多く書き出してみましょう。

解答例

```
レイ      ロボットオタク
モーリー   引きこもりのピアニスト              ⎫  3人兄弟
リサ      自分を見つけられていない末っ子       ⎭

                                ママが死んで、兄弟はバラバラ

ばあちゃん  ことばが通じない（？）     ⇒   だんだん3人と心が通っていく
                    ⎧ レイ    → 餃子
           手段     ⎨ モーリー → ミシン
                    ⎩ リサ    → エアギター

3000ドル  ⇒  プラモデル  DNA鑑定  トイレ  車の修理代
    ばあちゃん  一切話さない
                トイレのあとため息をつくのはなぜだろう？
    レイ       みんなへの疑念 ⇒ だんだん心を開いていく
    モーリー   はじめから自分に素直に生きている  でも、周りの目を気にしている
    リサ       何をやりたいのか自分でもわかっていない
                エアギターの大会は出てみたいと自分で思った

    ばあちゃんの遺骨  トイレに流れてしまうのはなぜだろう？
```

2. アウトラインを書いてみましょう。

解答例

```
＜どんな話か＞
アメリカに住む3人兄弟、レイ、モーリー、リサ
日本人の母の死
母親が生前日本から引き取ったばあちゃんと暮らすことに
レイのアパートが火事になり、レイが家に戻ってくる
兄弟はバラバラの生活 → 話さないばあちゃんとの生活を通じてだんだん家族になっていく

＜着目したモノ、こと、ことばなど、それが意味すること＞
バラバラ  →  つながる（集合体）
トイレ    →  普段は意識しないもの  生活になくてはならないもの  そこにいつもあるもの
              だからこそ大事（この家族のばあちゃんみたいな存在）
餃子      ：家族をつなぐきっかけの餃子パーティ
ミシン    ：モーリーとばあちゃんの心を通わせたもの
エアギター ：リサとばあちゃんの心を通わせたもの
トイレ    ：レイが一番ばあちゃんを気にしている  だからはじめから気になっているもの
3000ドル  ：レイの決断にかかわる数値 車の修理代、欲しいプラモデル、DNA鑑定代、トイレ
モーリーのお手製のスカート        ：自分に力をくれるもの
しゃべらないばあちゃん            ：ことばはいらない  達観を象徴？
ばあちゃんの一言だけしゃべるセリフ ：一言だけだから重みがある？
ばあちゃんのためいき              ：家族の中にある不満を表現している？
```

3. 発表用の原稿を作って発表しましょう。

> [!解答例]
>
> 　アメリカに住む3人兄弟、レイ、モーリー、リサは母親を亡くしました。レイはアパートに住んでいましたが、火事でその部屋に住めなくなったことから、実家に戻って兄弟2人と、生前母親が日本から引き取ったばあちゃんと暮らすことになります。兄弟はバラバラで家族という感じではなく、ばあちゃんは一言も話さないので、何を考えているのかわかりません。それでも、餃子パーティをきっかけにばあちゃんと兄弟3人がそれぞれに共有する時間が生まれ、この家族にも変化が出てきます。映画の最後でばあちゃんは亡くなりますが、兄弟にはきずなが生まれました。
>
> 　この映画の全体像の変化は、バラバラだった個が最後には同じグループに属するイメージです。それを映画の中に出てくるシンボルをもとに説明します。まずは、ばあちゃんとレイ、モーリー、リサがそれぞれ心を通わせはじめるモノがありました。レイは餃子、モーリーはミシン、リサはエアギターです。レイはそのほかにもこの映画の中心であるトイレもありますが、これは最後にわかることなので、ここでは餃子としておきます。また、主人公のレイには3000ドルにまつわるいろいろな決断がありました。壊してしまった友人の車の修理代、疑問を持っていたDNAの鑑定代、欲しいプラモデル、そして温水洗浄便座です。すべて金額が同じであるのは現実にはあり得ません。しかし、ここでは「レイにとってとても大事なこと」という意味を表しているのだと思います。
>
> 　次にばあちゃんに焦点を当てます。ばあちゃんは決して話しません。でも、心で会話ができる人です。モーリーもリサもそうやって話をしました。ばあちゃんは英語ができないのではなく、大切なのは心なのだということを示しているのだと思います。ただ、一回だけ話すシーンがあります。モーリーのピンチを救う場面です。これは、それほどモーリーが窮地に立たされていたことを示しているのではないでしょうか。この一言によりモーリーは力をもらい、無事に演奏を終えることができます。
>
> 　最後に、ばあちゃんのため息について考えたいと思います。毎朝トイレから出てくるとため息をつくばあちゃん、それに気がついたのは兄弟でレイだけでした。レイはなぜため息をつくのだろうかと思いを巡らせます。レイは結局その答えをはっきりとはわからなかったようですが、私たちはこう考えました。トイレは生活になくてはならないものですが、普段は意識しないものであり、そこにいつもあるものです。家族と同じです。家族も普段は意識せず共同生活を送っています。毎日それに感謝したり感動したりとかはしないでしょう。だからこそ、ため息はそこにある……、つまり家族の中にあるよどみや不満などを表しているのではないかと思います。別に温水洗浄便座が欲しいと思っていたとは思えません。ただ、映画の最後でばあちゃんのために買った新しいトイレで、レイがトイレを覗き込んだとき、持っていたばあちゃんの遺骨（粉状になっていますが）が滑り落ちてトイレに流れてしまう場面があります。ここは、ばあちゃんのレイに対する感謝の気持ち（新しいトイレを使いたい）と、トイレを通じて（の中から）兄弟3人を見守っている気持ちと、特別視しないでという気持ちが表されているのだと思います。
>
> 　以上で発表を終わります。ありがとうございました。

【まとめよう】（p.40）

1．「映画をみる」ことについてまとめましょう。

　「映画をみる」とはどういうことだと思いますか。

解答例　・監督目線になること

　　　　　・シンボルを読み解く力をつけること

　　　　　・モノ・こと・ことばが、パターン化されていることが理解できること

2．発表についてまとめましょう。

(1) 原稿について、工夫した点と実際の出来について感じたことを書きましょう。

解答例　・シンボル探しがおもしろかった

　　　　　・グループの人の着眼点がすごいと思った

　　　　　・単純な話だからあらすじを書くのがかえってむずかしかった

(2) 原稿はうまく書けましたか。自己評価をしましょう。

解答例　4と5の間 … 原稿はうまく書けた

　　　　　2 … 長くなってしまってまとまりがなくなった

(3) カギになるモノ、ことばなどを多く見つけることができましたか。自己評価をしましょう。

解答例　4 … すべてのものがカギとなるシンボルに感じてしまった

　　　　　2 … 見つけ方がうまくなかった。墓、バス…と書いたらグループの人からそれはシンボルじゃ
　　　　　　ないと言われた

(4) ほかの人からの評価はどうでしたか。コメントをまとめておきましょう。

解答例　・発表用資料のまとめ方がわかりやすいと言われた

　　　　　・わかりやすいことばでまとめられているとほめられた

【参考】

　いろいろな短編映画、長編映画がありますが、短編映画はセリフのないもの、長編映画は一人で見るには退屈してしまうもののほうが向いていると思います。

短編映画

　1．加藤久二生『或る旅人の日記』2005　ジェネオン エンタテインメント

　2．『The Last Knit』https://www.youtube.com/watch?v=M6ZjMWLqJvM

　3．『Snack Attack』https://www.youtube.com/watch?v=38y_1EWIE9I

長編映画

　1．荻上直子『めがね』2007

　2．大森美香『プール』2009

　3．荻上直子『レンタネコ』2012

第4課　日程表を作る

【この課のねらい】

①なぜそうなっているのかを見いだす

②求めているものを的確にくみ取る

③目的にあった日程表を作る

【はじめの一歩】（p.48）

日帰り旅行は楽しいものです。しかし、団体行動はすべて時間で動くため、時としてせわしないと感じることがあります。また、交通渋滞で目的地に着くのが遅くなり、観光に十分な時間が取れない場合もあります。ここでは、不満のあった日程表を改めて見直すことにより、なぜ、そのような日程が立てられていたのかを理解します。実際にこの旅行に参加したわけではありませんが、学習者にはこの旅行に参加した状況だったらと仮定して考えさせてみてください。

【考えよう】（p.50）

さまざまな角度から見なおしてみると、決してつまらない旅行ではなかったことがわかります。そればかりか、この旅行の目的のために練られた予定であったことを理解します。

グループによっては、このままでいいと考えることもあると思います。それも一つの答えです。あるいは観光する場所を一つ減らす、目的地を別の場所に変えるなどいろいろ考えられます。全体の時間と予算は変えずに、よりよい日程を考えさせてみましょう。

【整理しよう】（p.52）

ここまでの要点を整理します。団体旅行はまず時間厳守です。日本での時間の感覚をしっかり身につけさせることも大切です。

【わかったこと】（p.52）

ここまでで、理解したことや新しい発見など、自分のことばでまとめておきます。

【やってみよう】（p.53）

日帰り旅行であれば、3時間ほどのものから全日まで長短問いません。よく目にする「食べ放題ツアー」や「温泉旅行」ではない、新しい日帰り旅行を考えてみましょう。

1．以下にメモを作成しましょう。

(1) 旅行の目的

解答例　失敗しないデートプラン

(2) 対象者、年齢層など

解答例　男性が女性を誘う　デートに自信のない／忙しい男性のためにチケットや夕食の予約をすべて手配するプラン、20代のカップル

(3) 行き先

解答例 東京お台場

(4) スケジュール

解答例 12:30　お台場海浜公園駅で待ち合わせ
　　　　　　　ジョイポリス（遊園地）★
　　　　　　　台場一丁目商店街
　　　　　　　夕食デックス東京ビーチ（トラッテリアマルーモ）★
　　　　　　　パレットタウン　大観覧車（お一人様 1,000 円）
　　　　21:00　お台場海浜公園散策
　　　　　　　★は予約を会社で手配する／チケットを郵送する

(5) アピールポイント

　　大切なデートだけど忙しくていいプランがご自分で立てられない、女性が好みそうなデートスポットを知らないという人におすすめです。このプランで 2 名分 10,000 円。ジョイポリスのパスポート（入場料＋乗り物乗り放題）はお一人様 4,500 円ですからお買い得です。また、夕食のレストランも弊社で予約。夜景のきれいな窓辺の席を確保します。夕食後の二人の雰囲気で、その後のプランは自由に変更できます。二人の距離が急接近していたら、大観覧車に乗ってもいいかもしれません。お一人様 1,000 円です。その後、海浜公園を散策して、モノレールでうちに帰りますが、モノレールからの夜景もロマンチックです。また、全体で移動時間が短くすべてまとまっていることもアピールポイントです。

2．パンフレットに使えるように、日程表を作成しましょう。

```
12：30　お台場海浜公園駅で待ち合わせ
13：00　ジョイポリス（遊園地）
17：00　台場一丁目商店街
18：30　夕食　デックス東京ビーチ（トラッテリアマルーモ）
20：00　パレットタウン　大観覧車
21：00　お台場海浜公園散策
```

3．発表用の原稿を作って発表しましょう。

　　日帰りデートプランの商品です。チケット代、レストランの予約などを弊社が行います。価格は 1 万円です。男性が女性を誘うためのプランで、デートに自信のない、あるいは忙しい男性のために弊社が代わって予約をします。20 代のカップル対象です。行き先は東京お台場です。

　　次に日程について発表いたします。日程表をご覧ください。

　　12:30　お台場海浜公園駅で待ち合わせ、13:00　ジョイポリス（遊園地）へまず行きます。この遊園地では二人で協力し合ってできるインドアゲームが多いので、はじめてのデートやこれから付き合いたい人には最適な遊園地です。雨でもぬれずに遊べます。約 4 時間の滞在の後、17:00 にお台場一丁目商店街へ行きます。ジョイポリスと同じデックス東京ビーチにあります。昭和 30 年代のレトロな雰囲気が魅力の場所です。18:30　デックス東京ビーチ（トラッテリアマルーモ）で夕食を食べます。予約は弊社で行います。窓から一番きれいに夜景の見える席を押さえておきます。その後の予定は二

人の親密度によって異なります。省略して帰宅してもいいです。そのため遊園地以外のチケット料金は代金に含めていません。情報のみ提供します。デートがうまくいったら 20:00 にパレットタウンの大観覧車にのり、その後 21:00　お台場海浜公園散策、その後帰路につきます。
　　　デートプランの代行ではありますが、デートが成功するようにお手伝いできることが私どもの喜びです。

【まとめよう】（p.56）

１．「日程表を作る」についてまとめましょう。
　「日程表を作る」とはどういうことだと思いますか。
　解答例　・その人の「欲しい」を形にすること
　　　　　・旅行当日に余裕をもつこと

２．発表についてまとめましょう。
(1) 日程について、工夫した点と実際の出来について感じたことを書きましょう。
　解答例　・スケジュール後半は臨機応変に対応できるようにした
　　　　　・興味のあることなどを盛り込んで、楽しいものにした

(2) 原稿はうまく書けましたか。自己評価をしましょう。
　解答例　5 … まず日程から決めたので、原稿がスムーズにできた
　　　　　2 … 日程表を上から順に読んでいくような形式になってしまった

(3) これは人に自慢できるという工夫ができましたか。自己評価をしましょう。
　解答例　4 … 友だち仕様でデートプランを作ってあげられるようになった
　　　　　3 … 日本の交通渋滞がよく理解できていない

(4) ほかの人からの評価はどうでしたか。コメントをまとめておきましょう。
　解答例　・このデートに参加してみたいとコメントをもらった
　　　　　・費用が高いと言われた

第 5 課　防災マニュアルを創る

【この課のねらい】
①自分の身を守るために何をするか考える
②日本語を理解しない人々の身を守るために何ができるか考える
③防災の大切さを広める

【はじめの一歩】（p.62）

　多くの留学生は防災訓練や避難訓練の類を恥ずかしがってやりたがりません。「自分が住んでいるところは大丈夫」「地震が来ても東京は何とかなる」などと本気で言います。ここでは、そのような考えを改めさせ、一人ひとりが自分の身を守ることを考え、その上で同郷の人たちで日本語を理解しない人たちの一助になる防災マニュアルの作成を促します。
　話が進まない場合は、19 ページの「【参考】」にある URL から防災の方法や訓練の様子などを映像で紹介してもいいでしょう。

【考えよう】（p.64）

ここでは防災について話し合います。地震が多い国として有名な日本ですが、それだけではなく、毎年日本の各地で天災があり、それらには水害、台風、積雪などさまざまあります。もし、それが身近に起こったらどうしたらいいのか、被害にあったときどこに連絡すればいいのかなど話し合います。

【整理しよう】（p.66）

普段は意識しないことをきちんと考えておくと、万が一のときに役立つのだということを意識させます。

【わかったこと】（p.66）

ここまでで、理解したことや新しい発見など、自分のことばでまとめておきます。

【やってみよう】（p.67）

1．以下にメモを作成しましょう。

(1) マニュアルの言語

解答例 タイ語

(2) 対象者（居住者、旅行者、日本語能力の有無など）

解答例 タイレストランで働いているコックたち、日本語をあまり理解していない人たち

(3) マニュアルの形態

解答例 布に印刷する

(4) 住んでいる地域の特徴

解答例 下町、多くの建物が立ち並んでいる、道幅が狭い、海が近い、近くに高台がない

(5) マニュアルの内容

解答例 カバンに入れておくもの、家に常備しておくもの、連絡先など

2．マニュアルを作成しましょう。

解答例

タイの布「パー・カーオマー（ผ้าขาวม้า）」

- 1m×2mの大きさ
- タイの若者の間ではここ数年コスプレの感覚でリバイバル
- おしゃれにマニュアルを印刷すれば、読んでくれるのではないか
- たくさん書いてあるとわかりづらいから、パッと見てわかるもの。イラストと文字を使う

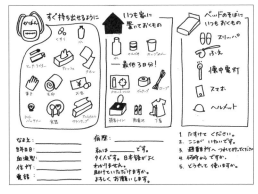

- 普段から準備しておくもの（カバンに入れておく）…水（3日分）、食べ物（3日分）、寝袋、簡易トイレ、懐中電灯、ラジオ、十徳ナイフ、トイレットペーパー、タオル、パスポート、お金、下着、

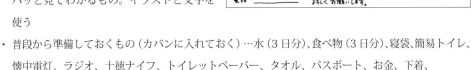

- 災害時に必要な簡単な日本語…助けて（ください）、ここです、来て（ください）、痛い、など5個くらい
- 自分の名前、住所、電話番号、血液型を書いておく欄を設ける

3．発表用の原稿を作って発表しましょう。

　　タイには多目的に使われる布「パー・カーオマー（ผ้าขาวม้า）」があります。今では生活様式が西洋風になり、使用機会が減ってきていますが、昔から男性用腰布としてだけでなく、屋外での水浴びのときにまとったり、バスタオル、日よけ、赤ちゃんのゆりかごなど、生活の中でいろいろなものに使用されています。日本の手ぬぐいや風呂敷も生活のさまざまな場面でいろいろな使い方をします。その手ぬぐいや風呂敷に、災害時に必要なものが印刷されている商品があります。それをヒントにしました。この布にマニュアルが印刷されていれば、日本語がわからなくても、大地震のとき心の支えになると思いました。いざというときにはSOSを知らせる旗になります。また、けがをしたら、一部を割いて包帯にも使えます。寒いときはマフラーにもできます。工夫次第でいろいろ使えます。

　　最初、マニュアルをアプリにすることも考えましたが、災害時にはスマホのバッテリーはできるだけ使わないようにすると思います。布だったら、バッテリーの心配はいらないし、いつでも見ることができます。

　　たくさん書いてあるとわかりづらいから、パッと見てわかるものにします。イラストと文字を使うだけのシンプルなものです。まずは、普段から家に準備しておくもの。次に、簡単な日本語5個、これだけは覚えてほしいので入れました。そして、停電や断水のとき、家でどう過ごすか、また、そのほかに自分で記入しなければならないことがあります。それは、事前にしておいてほしいと思います。でも、これを自分で書く、あるいは日本語ができる人に書いてもらうことによって、防災の一歩を踏み出すことになります。自分で記入するのは、自分の住んでいる地域の避難所です。これは近所の人にあらかじめ教えておいてもらって、一緒に避難してもらうようにしたほうがいいです。それから、自分の名前（日・英・タイ語表記で）、住所、電話番号、血液型なども記入します。もし、けがをしたときそれを見せたらすぐに治療してもらうことができます。

【まとめよう】（p.70）

1．「防災マニュアルを創る」ことについてまとめましょう。
　「防災マニュアルを創る」とはどういうことだと思いますか。

解答例
- 使う人の目線で物事を考えること
- パニックにならないように安心して使えるものを提供すること

2．発表についてまとめましょう。
(1) 防災マニュアルについて、工夫した点と実際の出来について感じたことを書きましょう。

解答例
- 災害時はテクノロジーよりも原始的なもののほうが役立つと思った
- シンプルイズベスト
- 伝えたいことを整理するのがむずかしかった

(2) 原稿はうまく書けましたか。自己評価をしましょう。

解答例　4 … マニュアルを説明するだけだから簡単だった

　　　　　3 … やさしい日本語ってむずかしい

(3) これは人に自慢できるという工夫ができましたか。自己評価をしましょう。

解答例　5 … 実際に商品化しようかなと本気で思っている

　　　　　4 … もう少し整理して、実際に使ってもらおうと思う

(4) ほかの人からの評価はどうでしたか。コメントをまとめておきましょう。

解答例　・クラスのみんなで本気で作ろうと言われた

　　　　　・自国にもこういうものが必要だと思った

【参考】

以下の URL には防災にまつわる画像や映像、パンフレット、商品などがあります。

1. 増補版外国人用地震災害基礎語彙 100　http://human.cc.hirosaki-u.ac.jp/kokugo/EJ100go-zyuni.html
2. 地震のとき気をつけること、用意すること（日本語）

   （このほかに英語、中国語、韓国語があります。）　https://tokyodouga.jp/10000000247.html
3. 総務省消防庁　http://www.fdma.go.jp/syobodan/bousai/
4. 東京消防庁ビデオライブラリー　http://www.tfd.metro.tokyo.jp/elib/video/shinsai.html
5. 東京都生活文化局　外国人向け防災リーフレット

   http://www.seikatubunka.metro.tokyo.jp/chiiki_tabunka/tabunka/tabunkasuishin/0000000144.html
6. 東京都防災ホームページ　https://www.bousai.metro.tokyo.lg.jp
7. ぼうさい手ぬぐい　http://bousainugui.com/
8. 緊急地震速報のチャイム音　https://www.nhk.or.jp/sonae/bousai/
9. 国民保護サイレン音　http://www.kokuminhogo.go.jp/arekore/shudan.html

第 6 課　ニュースを伝える

【この課のねらい】

①母語から日本語に訳す

②わかりづらいところは意訳する

③日本語の音声を意識して、聞き手にわかるように発表する

【はじめの一歩】（p.78）http://www.bonjinsha.com/wp/shikooryoku

音声データが使えない場合は、本冊 79 ページの原稿を以下の通り読み上げて、学生に聞かせてください。

1 回目：日本語のアクセント（高低差）と読点を無視して読む

2 回目：ニュース番組のアナウンサーのようにはっきり読む

音声の1回目は母語干渉のアクセントが強い例、2回目は日本語の発音により近い例です。音声を聴いたあと、同じ記事を読んで、聞き取れなかった箇所を確認したり、理解できなかった箇所を補ったりします。この作業をすることにより、同一の原稿であっても音声の違いにより伝わり方が異なること、耳慣れない名称などは一回では理解できないこと、音声と文字によって理解度が異なることなどを意識させます。

【考えよう】(p.80)

クラスで小グループをいくつか作り、グループで話し合いながら考えをまとめます。この作業に取り組むうちに、直訳では意味の通らないこと、母語では説明の要らない内容でも外国や異なる文化圏ではそれが必要になることなどに気がつきます。

この新聞記事をさらにわかりやすくするにはどうしたらいいか、実際に原稿に手を加えていきます。どこをどう工夫するのか、なぜそうしたほうがいいのかなどを話し合って原稿に反映させます。

【整理しよう】(p.82)

これまでにクラスで発言された事がらや大切なことをここで整理します。また、日本語の音声を意識させます。すばらしい原稿が書けるのに、発表でそれが伝わらないことがよくあります。日本語の発音に苦手意識のある学生は少なくありません。ここではクラス全体で発音練習をして、みんなで上達していこうと促します。例えば、アナウンサーや俳優たちが準備段階で行う滑舌練習をクラス全体で行ったり、発音の得意な学生にどうやって習得したのかを語ってもらったりするのもいいでしょう。ウェブサイトにも音声練習に役立つツールはいくつかあります。「韻律読み上げチュータ　スズキクン」に原稿データを入れると音声で読み上げてくれるので、発表前に自分の原稿を入力して練習することもできます。HOYA の VOICETEXT には、「これから発表を始めます」のような短い表現を入力すると、かなり正確な音声で発音してくれるので、こちらも練習に使うことができます。

＊滑舌練習（http://katsuzetsu-rensyu.com/aiueo-02/）
＊韻律読み上げチュータ　スズキクン（http://www.gavo.t.u-tokyo.ac.jp/ojad/phrasing）
＊HOYA　VOICETEXT（http://voicetext.jp/）

【わかったこと】(p.82)

ここまで、ニュースを伝えるための方法や音声、原稿の書き方などについて理解したことを自分のことばでまとめておきます。

【やってみよう】(p.83)

みんなの知らないあなたの国のおもしろいニュースはありますか。そのニュースをクラスメートが理解できるように日本語で紹介しましょう。

解答例 中国語の新聞記事

2015年4月14日早晨，一封辞职信引发热评，辞职的理由仅有10个字："世界那么大，我想去看看"。网友评这是"史上最具情怀的辞职信，没有之一"。经采访得知，作为2004年7月入职河南省实验中学的一名女心理教师，已经任职11年之久。如此任性的辞职信，领导最后还真批准了。

1. ニュース記事を日本語にしましょう。まず、記事のとおりに訳しましょう。

解答例

　2015年4月14日朝、一通の「辞職届」が活発な論評を誘発しました。辞職の理由はわずか10字「世界はあんなに大きい、私はちょっと見に行ってみたい」と書いてありました。ネット仲間はこれを「最も気持ちを備えた辞職届は、歴史上一つもない。」と判定しました。インタビューからわかったのは、2004年7月河南省実験中等学校に就職した一名の女性心理学教師で、すでに務めて11年の長さになります。このような気ままな辞職届は、指導者に最後に本当に承認されました。

2. このニュース記事で、説明の補足をしたほうがいいと思うところはありましたか。どのように補足説明を入れたらいいと思いますか。上に書いた原稿に、ペンの色を変えて書き込んでみましょう。
　補足も必要ですが、要らないところは省略したほうがわかりやすくなることもあります。また、選んだ言語の表現で日本語にないものは自然な日本語に置き換えてみるといいでしょう。以下は上記の中国語の新聞記事を、補足したり言い換えたりしてみた例です。

解答例

　2015年4月14日朝、ある「辞表」が<u>大きな話題になりました</u>。辞職の理由はたった10文字「世界はこんなにも大きい、私は見に行きたい」と書いてありました。ネット<u>ユーザー</u>によると「史上最も気持ちのこもった辞表。今までにこんな辞表は見たことがない。」と評されています。インタビューによると、<u>この辞表を書いたのは</u>、2004年7月から河南省実験中学校で教えている<u>心理学の女性教師</u>です。すでに<u>11年勤めていました</u>。わがままのようなこの辞表は最終的に<u>学校</u>に認められました。

※ここでは「ペンの色を変える」ところを下線で表しています。

3. 2．で作成したメモを参考にして、わかりやすいニュース記事としてまとめましょう。写真や動画があれば、それも準備して発表しましょう。

解答例 発表原稿は上記の2．です。発表のとき、この画像を使用して説明しました。

"世界　那么大，　　　我　想去　　　看看。
　世界　こんなに大きい、私　　　　してみたい　見て

【まとめよう】(p.86)

1．「ニュースを伝える」ことについてまとめましょう。

「ニュースを伝える」とはどういうことだと思いますか。

解答例　・正しい情報を伝えること
　　　　　・正しい内容を読み取ること
　　　　　・内容をわかりやすくまとめること
　　　　　・原稿だけでなく、音声も伝達に大切なスキル
　　　　　・正しい音声や発音は、ニュースがまっすぐ伝わる

2．発表についてまとめましょう。

(1) 原稿について、工夫した点と実際の出来について感じたことを書きましょう。

解答例　・いらない情報は削除した
　　　　　・必要な情報を補足した
　　　　　・音声で伝えることがこんなに大変だとは思わなかった
　　　　　・伝えたいジョークが伝わらなかった

(2) 原稿はうまく書けましたか。自己評価をしましょう。

解答例　4と5の間 … 原稿はうまく書けた
　　　　　 3 … うまくできたと思ってたけど、わかりづらかったようだ

(3) これは人に自慢できるという工夫ができましたか。自己評価をしましょう。

解答例　3と4の間 … ちょうどいい写真があったので使った
　　　　　　　　　　　動画もあったので、使ってみた

(4) ほかの人からの評価はどうでしたか。コメントをまとめておきましょう。

解答例　・日本語の発音がいいとほめられた
　　　　　・原稿を読んでばかりいると言われた
　　　　　・おもしろい内容で、日本語のサイトに載っていないニュースだと言われた
　　　　　・中国人はロマンチックな表現をするのが好きなのかと問われた

【参考】

音声の練習は毎時間少しずつ練習していくことをお勧めします。苦手意識を克服するためにも日本語の音を意識する練習が必要です。使いやすい教材は以下の通りです。

1．赤木浩文・内田紀子・古市由美子 (2010).『毎日練習！リズムで身につく日本語の発音』スリーエーネットワーク．

2．斎藤仁志・深澤道子・酒井理恵子・中村雅子・吉本惠子 (2010).『シャドーイング日本語を話そう　中〜上級編』くろしお出版．

3．中川千恵子・中村則子 (2010).『初級文型でできる にほんご発音アクティビティ』アスク出版．

第7課　紹介動画を制作する

【この課のねらい】
　①長所を見つける
　②わかりやすく説明する
　③日本語の音声を意識して話す

【はじめの一歩】（p.92）
　パッと見て、すぐに長所を見つける練習です。どれだけいいところを見つけられるか、そしてそれを相手に伝えられるかやってみましょう。

【考えよう】（p.94）
　相手の好きな色を考えたとき、どのようにそれを探し当てたか、その方法を振り返らせます。相手を見て（観察して）、持ち物の色、服の色、雰囲気などいろいろな情報から導き出したのではないでしょうか。また、相手のいいところを見いだすときも同様にどんなことを自分が行ったか振り返らせてみます。

　３．では日本語の音声を意識する練習を徹底して行います。短い文なので、日本語の発話に苦手意識のある人でも、何度か練習すれば上手になります。この１行ずつを一人ずつ分担して、実際に動画として撮ってみることをお勧めします。字幕なしでその動画を見た人が聞き取れたら合格です。「やってみよう」の紹介動画のはじめにつなぎ合わせて使うこともできます。

【整理しよう】（p.96）
　今回のタスクをどのように行ったか、その手順を整理します。

【わかったこと】（p.96）
　ここまで理解したことや新しい発見などを、自分のことばでまとめておきます。

【やってみよう】（p.97）
1. 気がついたことをできるだけ多くメモしてみましょう。

　解答例　・キャンパスで学生がよく使う施設の紹介
　　　　　　・いろいろな場所があるが、一番利用するところの紹介がいい
　　　　　　・学生たちの教室がある建物の別の階にどんな教室があるのかも紹介したほうがいい
　　　　　　・実際に生活している留学生が紹介する形をとったほうがいいと思う

23

2．アウトラインを書きましょう。

解答例

場所 ・ 人の紹介	1号館にあるいろいろな場所 教室・研究室・実習室・保健室・放送室・就職支援室・製菓学科・コンビニ・ラウンジ・テラス・食堂
アピール ポイント	・いつもよく使うところ ・きれいで使いやすい、便利だということ
特に何を強く 伝えたいのか	・留学生活で便利だということ ・大学と同じキャンパスにあるので、大学生との交流もできる点

3．絵コンテ（動画の設計図）と原稿（内容・セリフ）を書きましょう。

　絵コンテを大まかに決め、その場所でどんな紹介をするのか原稿を作成します。原稿を書いたら、声に出して読む練習をします。日本語の音声に不自然さがないか、グループで聞き合って練習したり、お互いにアドバイスをしあったりします。自分で満足いくまで練習し、最後に教師の前で音読します。ここで合格したら撮影に進みます。

　実際、カメラの前だと緊張して思うように話せないという人は、カンニングペーパー（カンペ）を用意します。日本語のアクセント（高低差）に自信のない人も、カンペに書き込んでおくと上手に発音できます。

　撮影が終わったら、各グループで動画を編集します。完成した動画を見る時間を発表とします。もし、時間があったらクラス全体で一度見て改善点を出し合い、もう一度編集なおしたものを提出するようにするといいでしょう。どうしても聞き取りづらい箇所がある場合は、字幕を入れるなど工夫することも、作業を進めていく中で大切なことです。各グループで作成した動画は最後に一つにまとめると、クラス全体の作品になります。

解答例

1号館の前 	みなさん、こんにちは。 私たちはM大学の留学生です。 M大学のキャンパスには10棟以上のビルがあります。 今から1号館をご紹介します。
教室の紹介 	これから私は1号館の教室についてご紹介させていただきます。 1号館には100ぐらい教室があります。その中には普通の演習室、研究室だけでなく、いろいろな専門のために設けられた特別教室もたくさんあります。 こちらが4階の研究室です。 こちらは3階の普通の教室です。 こちらは3階の製菓の実習室です。こちらは、菓子を作るところです。 それ以外、1階には保健室、放送室、教育支援部も設けられています。ぜひ見に来てください。
製菓学科の紹介 	ここは1号館の2階にある廊下です。ここでは製菓学部がお菓子を作ります。廊下には製菓学部が作ったお菓子やデザートが並んでいます。とってもおいしそうです。 毎週木曜日は製菓学部で作ったデザートを売っています。場所は1号館で、12時20分からです。ぜひ木曜日に来てください。
コンビニの紹介 	現代社会で一番便利な店はコンビニしかないでしょう。M大学1号館の1階にはコンビニがあります。ここにはさまざまなサービスがあります。チケットや料金支払いなど、当然一番人気の食べ物○○チキンも販売しています。みなさん、ぜひM大学のコンビニにご来店ください。
ラウンジとテラスの紹介 	このテラスは3階にあります。1階にコーヒースタンドがあり、学生はここで食事したりしゃべったりします。 2階と3階はテラスの窓から、ものすごくきれいな緑が見えて落ち着きます。私は友だちとよくここに来ます。
食堂の紹介	テラスのそばの階段に沿って行くと、食堂があります。 M大学の食堂は広くてきれいです。でも毎日昼になるととても混んでいます。並ばなければならないときがあります。食堂に行くと、まず自販機で食券を買って、食堂の人に渡して、料理をもらいます。食事したあとで、学生たちはみんな食器を洗う場所に返します。私は普通はお弁当を持ってきますが、ときどき食堂で友だちと食べます。楽しいです。

【まとめよう】(p.102)

1. 「紹介動画を制作する」ことについてまとめましょう。

　　「紹介動画を制作する」とはどういうことだと思いますか。

解答例
・相手の求めるものを的確に伝えること
・相手の知らない情報をいい印象で伝えること
・気持ちを込めて言うこと

2．発表についてまとめましょう。
(1) 原稿について、工夫した点と実際の出来について感じたことを書きましょう。

解答例
・伝わりやすい簡単な表現を心がけた（留学生が聞くことを前提に）
・まじめな路線を崩さず、でも楽しい雰囲気にするのはむずかしかった
・悪いところも入れてみた。よくなるように努力していると加えたから現実的だと思う

(2) 原稿はうまく書けましたか。自己評価をしましょう。

解答例 4 … テレビのレポーターになった気分で書いた

(3) 動画はうまく作ることができましたか。自己評価をしましょう。

解答例 4 … 思ったよりもきれいに撮れた。音が小さいところと大きいところがあった
2 … 目線で撮ったほうがいいと思ったが、ブレていた

(4) ほかの人からの評価はどうでしたか。コメントをまとめておきましょう。

解答例
・すごく自然な日本語を話しているとほめられてうれしかった
・音が小さくなってしまったところが聞こえづらいと言われた

【参考】

この課では「動画」作成にこだわりました。音声で伝えることは原稿を書くのとはまた別のむずかしさがあるからです。また、現在はスマホの普及で誰でも簡単に動画が撮れます。編集もすぐにできます。動画制作を通じた協働もお互いにいい刺激となります。実際、これまでにグループワークで楽しそうに編集している場面をいく度となく見たことがあります。時間があまりない場合は、規模を小さくしてクラス紹介（他己紹介）、先生紹介（学生が先生にインタビューする形で撮影する）など、学外に出て行える場合はテレビ番組制作（東京散歩、街の紹介など）など、さまざまな動画を作ることができます。

しかし、カメラで撮られることをどうしても受け入れられない学生もいます。そのような場合は無理強いせず、グループで別の仕事を分担させるといいでしょう。

第8課　商品を売り込む

【この課のねらい】

①モノの長所をとらえる

②モノの魅力を伝える

③聞き手の関心を引きつける

【はじめの一歩】（p.110）

　はじめは興味がなかったのに、人の話を聞いているうちにあるものが欲しくなった経験はありませんか。ここでは、そんな体験をします。「なくてもいいモノ」が「あったらいいな」、「欲しい」になれば成功です。

　データが見られない場合は、教師が発表者となって手ぬぐいに関するプレゼンを行ってください。実物があるといいでしょう。発表データの内容（スクリプト）は以下の通りです。参考にしてください。

1ページ目：表紙
2ページ目：日本の伝統的なモノである「手ぬぐい」を、皆さんはご存知でしょうか。この薄い布は綿100％、端は縫ってありません。切りっぱなしです。これは、手を拭う、手をふくもの、だから「手ぬぐい」と呼ばれています。現代でいうとタオルのようなものです。
3ページ目：手ぬぐいの歴史は古く、8世紀の奈良時代にはもう使われていたと言われています。手をふく以外にも汗をふく、ほこりの多いところではほこり除けのマスクとして、また祭りのときにははち巻きなどの装身具としても使われてきました。
4ページ目：現在も手ぬぐいは使われているのでしょうか。実は、手ぬぐい専門店は着実に増えてきています。年配の人々より、若者に人気があるようです。新しい絵柄が多く取り入れられているからでしょう。
5ページ目：今ではこのようにバッグやラッピングなどにも使われます。かわいいですね。
6ページ目：そして、このようにさまざまな絵柄があるので、絵画として額に入れて部屋に飾ったり、ティッシュペーパーカバーとしてインテリアにしたり、テーブルのライナーにしたり…とさまざまな使い方があります。
7ページ目：手ぬぐいのいいところはどんなところでしょうか。何と言ってもふく面が多いことです。また、薄いので持ち運ぶときかさばりません。さまざまな絵柄があるので、季節ごとに模様を楽しむことができます。また、一枚で、タオル、バッグ、エプロン、スカーフ、インテリアとさまざまな使い方ができます。薄いので、すぐに乾きます。梅雨の時期も便利です。使い捨てではないので何度も使えます。今の時代に大切なエコ商品です。古くなったら、タオルから台ふきん、そして最後はぞうきんと使っていくことができます。まさしくエコ！　です。
8ページ目：日本の伝統の一品の手ぬぐい、古くて新しい手ぬぐいをぜひお試しください。ご清聴ありがとうございました。

【考えよう】（p.112）

　自分自身は興味がなくても、その商品を売らなければならない仕事を任されたらどうするだろうか。そんな状況を想定させ、モノの長所を見つけさせます。アピールできるモノの特性を調べたり、魅力を探したり準備をします。いいところをたくさん見つけさせましょう。発表をするので原稿は「です・ます体」で書きます。

【整理しよう】（p.114）

ここまででクラスで発言されたことやセールスに必要なことをいったん整理します。

【わかったこと】（p.114）

ここまでに理解したことを自分のことばでまとめておきます。

【やってみよう】（p.115）

ここにある商品は日本でよく使われているもので、安価なものから伝統工芸に指定されているような高価なものまでさまざまあります。なぜ安いのか、なぜベストセラーなのか、なぜこんなにも高額なのか……、調べていくとさまざまな理由が見えてきます。消費者も「安ければいい、高ければ買わない」ということは決してありません。聞き手にどう訴えればいいか、グループで話し合うと実にいろいろな発表が生まれてくるでしょう。

また、ここに挙げた商品だけではなく、住んでいる地域の特産品に替えてもいいでしょう。日本以外で授業をしている場合は、その国や地域の特産品や人気の商品を日本に売り込むタスクに替えてみてもいいと思います。

1. 選んだ商品に関して詳しく調べてみましょう。

解答例 F『菊花線香』

　　　　普通の蚊取り線香との違い：だいたい2倍の値段

　　　　合成ピレスロイド系殺虫剤をはじめ、化学成分を使用しない。着色剤を使わない自然な色

　　　　毎日使うもの：1カ月千円は高い？　東南アジアでの需要を見込んで　高級志向

　　　　こだわり：自然素材、害がない、地球に優しい

2. 1. で作成したメモを参考にして、商品を売り込むプレゼン（発表）を準備しましょう。必要なものを準備して発表しましょう。

はじめ	今日はお集まりいただきありがとうございます。さっそく商品の説明をさせていただきたいと思います。こちらの商品は『菊花線香』と言います。安心の日本製で、原料にもこだわった品です。
本論① モノの説明	『菊花線香』は蚊取り線香とは異なります。これは、防虫線香です。風通しをよくした部屋で使えます。着色剤や化学薬品を一切使用していないので、原材料に使用する植物の色そのままで、黄色みがかっています。分類としてはお香に属するので、防虫効果とアロマを一緒に楽しむことができます。

本論② 商品の背景・ 歴史・文化など	線香はもともと除虫菊の成分を使い、1886年に蚊取り線香として日本で開発されたものですが、東南アジアの国々を中心に羽虫の殺虫剤として長年使われています。緑色の渦巻き状の線香をご覧になったことがあると思います。大量生産にともない、自然の原材料だけでは生産が追いつかず、合成のもの、着色剤などが使われることが多くなりました。
本論③ アピール	一方、天然素材にこだわる消費者も少なくありません。近年では、アロマブームに乗って、本物志向の人々が増えてまいりました。本製品は、そんな消費者に自信をもってお勧めできます。天然素材、着色剤不使用なので、赤ちゃんからお年寄りまで安心してお使いいただけます。また、リラックス効果のあるアロマなので、防虫効果と一石二鳥です。価格は一般的な渦巻き線香に比べると約2倍と高価ですが、安心の原材料なので、こだわりのある消費者には納得いただける商品です。
結論	これまでは、殺虫剤として実用性本位だった渦巻き型線香ですが、これからは癒しを求めたアロマの線香、しかも体に優しいものであることは重要です。こだわりの人へのプレゼントにもお勧めです。ぜひ一度お試しください。

【まとめよう】(p.118)

1. 「商品を売り込む」ことについてまとめましょう。

    「商品を売り込む」とはどういうことだと思いますか。

    解答例　・いいところを前面にアピールする

    　　　　　・自分が心からいいと思えるように努力をする

2. 発表についてまとめましょう。
(1) 原稿について、工夫した点と実際の出来について感じたことを書きましょう。

    ・テレビショッピングの人の口調をまねて書いてみた

    ・いいと思うところをたくさん考えた

(2) 原稿はうまく書けましたか。自己評価をしましょう。

    解答例　5…結構うまく書けた。自分はセールスに向いているのかもと思った

    　　　　　2…選んだ商品を好きになれなくて、いいところを探すのはむずかしかった

(3) 発表用の資料はうまく作ることができましたか。自己評価をしましょう。

    解答例　4…実際に仕事だったら……、と想像して書いたので、けっこううまく作れたと思う

    　　　　　3…「全購入者にプレゼント進呈」と発表したらウケた

(4) ほかの人からの評価はどうでしたか。コメントをまとめておきましょう。

    解答例　・わかりやすいと言われた

    　　　　　・写真が細部までわかって、実物を手に取って発表を聞いたのでわかりやすかったと言われた

第9課　新キャラを生み出す

【この課のねらい】
①ゼロから作り出す
②新しい視点を持つ
③魅力のあるポスターを作る

【はじめの一歩】（p.124）

1．はまず何も見ないで、現状で知っていることや考えていることを答えます。クラスで知っている学生がいたら、どのようなものかを説明させてもいいでしょう。次に、各自「ゆるキャラ」について調べさせます。ネット環境がない場合は、教師が事前にいくつかの新聞記事や関連記事を準備しておくといいでしょう。紹介方法は種々ありますが、クラス全体で同じ記事を読ませるよりも、いくつかの異なった記事を読ませ、その内容を互いに教え合ったり情報を交換したりさせます。長所も短所も出てくると思いますが、ここではさまざまな情報から、「ゆるキャラ」の長所は何かを見いだしていきます。

【考えよう】（p.126）

現状では「ゆるキャラ」の定義は一つではありませんが、クラス活動で一応の目安を確認しましょう。ほかのいろいろなキャラクターと何が異なるのかを確認します。学生たちが知っているキャラクターをリストアップしていくと、さまざまなものが見えてくるでしょう。例えば、国が異なっても子どものときに夢中だったキャラクターは共通していたり、昔であればあるほど国ごとに違うキャラクターが存在していたなど気づきがあるはずです。

【整理しよう】（p.127）

これまでにクラスで発言された事がらや新しい発見などをここで整理します。漠然と姿を思い描くのではなく、まずキャラクターの名前や性格や特技などを設定すると、どんなキャラクターなのか大枠が形づくられます。

【わかったこと】（p.127）

ここまでで、理解したことを自分のことばでまとめておきます。

【やってみよう】(p.128)

1．キャラクターメモを作成しましょう。(例：名前、性格、特技など)

解答例

キャラクター原案図 	学校のイメージキャラクターを作る ・留学生→世界各国から来ている ・目的→日本語の勉強のため ・ここで勉強する学生の目標 　→日本語が自由に使えるようになること

2．コンペ用に原稿のアウトラインを書きましょう。

キャラクター 設定	名前：ゆめとり 年齢：設定しない 身長体重：想像にお任せする（見た人の感じたままに小さくなったり大きくなったりする） 特技：まじめに勉強する　夢を追いかける　大学院へ行く　JLPTに合格する
キャラクターが 生まれた背景	・ここで勉強する学生たちを表現する ・みんながまじめに日本語を勉強する ・さまざまな国から来ている　⇒　いろんな色で表現する
アピール ポイント	・鳥をモデルに、誰にでも愛されるようなかわいい姿を強調した ・みんなが頑張って勉強している

3．発表用のポスターを別紙に作り、そのほかの資料を準備し、原稿を書いてください。

発表用のポスターは模造紙に手書きでもいいのですが、近ごろはコンピュータで作成する学生が多くなりました。間違えてもすぐに訂正できるので便利なようです。発表はクラスで行いますが、その前に廊下に張り出して、ほかのクラスの学生や先生方にも見ていただき、全員に投票してもらいます。ですから、発表を聞かない人が見て、読んで、魅力的なポスターを作ることもねらいの一つです。
発表はこのポスターを使って行います。

解答例

　これから私たちのグループが考えたキャラクターについて発表いたします。

　私の名前は「ゆめとり」です。この大学で勉強する留学生です。漢字では「由芽斗理」と書きます。「由」は内容や原因、「芽」は植物の芽、「斗」は容器、「理」は理由や道理を表します。日本語と出会い、新しい可能性が芽生えたこと、覚えるのはむずかしいけれど、毎日勉強していくうちに自分の中に蓄積していく知識を表しています。また、「夢を持った鳥」でもあり、「夢と理」でもあります。

　身体の色は七色です。これはいろいろな国から来日していることを表現しています。大きさは七変化できるので大きくなったり小さくなったり、見る人によって変わります。特技はまじめに勉強すること、そして夢を追いかけることです。

　もちろん、勉強だけではなく、ここで新しい友だちを作って、日本文化とともに、さまざまな異文化体験を通じて大きく成長していきたいと思っています。夢を追いかける、そして、「できる！」をモットーに、大きく羽ばたけるようにがんばります。

　以上、「ゆめとり」からの自己アピールでした。皆さん、投票よろしくお願いします。

【まとめよう】(p.134)

1．「新キャラを生み出す」ことについてまとめましょう。
　　「新キャラを生み出す」とはどういうことだと思いますか。
　解答例　・無を有にすること
　　　　　　・小さい既存知識がいくつも集まって新たなモノになること
　　　　　　・想像、空想を可視化すること

2．発表についてまとめましょう。
(1)　原稿について、工夫した点と実際の出来について感じたことを書きましょう。
　解答例　・発表用のポスターが先にできていたので、書きやすかった
　　　　　　・ポスターには表現できない細かな説明を加えた
　　　　　　・伝えるための原稿を意識して、わかりにくい表現を避けた
(2)　原稿はうまく書けましたか。自己評価をしましょう。
　解答例　4と5の間 … 原稿はうまく書けた
(3)　ポスターはうまく作ることができましたか。自己評価をしましょう。
　解答例　5 … イラストが得意なメンバーがいたので、予想していたよりもいいものができた。
　　　　　　2 … レイアウトがうまくできなかった。

(4) ほかの人からの評価はどうでしたか。コメントをまとめておきましょう。

解答例
・ポスターのレイアウトがいいとほめられた
・発表のときの間の取り方がいいと言われた
・グループが協力し合っているのがすごく伝わってきてよかったと言われた

【参考】

キャラクターの作り方講座　http://www.tachara-bako.com/lecture/chara?page=2

ゆるキャラグランプリ公式サイト　https://www.yurugp.jp/

第10課　専門分野をわかりやすく説明する

【この課のねらい】
①自分の専門分野を一般の人にわかりやすく説明する
②専門の魅力を伝える
③聞き手の関心を引きつける

【考えよう】（p.142）

日本語を学ぶ留学生の専門はさまざまです。専門分野の語彙は専門以外の人々にはとてもむずかしいものです。専門外の人々に自分の専門をわかりやすく説明する方法を考えます。この課では一例として理系の論文を挙げますが、あらかじめ専門の論文を各自持参するように伝えておいて、それらを読みあうところから始めてもいいでしょう。

【整理しよう】（p.144）

これまでにクラスで発言された事がらをここで整理します。

【わかったこと】（p.144）

ここまでに理解したことを自分のことばでまとめておきます。

【やってみよう】（p.145）

あなたの専門分野の論文を一つ以上選び、それを紹介しながら研究内容をわかりやすいことばで紹介しましょう。

1．以下にメモを作成しましょう。
(1) 専門について

解答例　炭素繊維複合材料　どのような炭素繊維複合材料を何に使うのが適しているか

(2) 論文について

解答例　・「繊維長の異なる炭素繊維複合材料の特性評価」『廃棄物資源循環学会研究発表会講演集』（第28回廃棄物資源循環学会研究発表会講演原稿）2017．

・「超音波透過特性を用いた炭素繊維強化複合材料積層板の層間界面剛性およびプライ複素弾性率の評価」『実験力学』Vol.17, No.2.

炭素繊維とは、簡単に言うと二つ以上の物質を混ぜて作った繊維のこと。論文では軽くて強いものを作るには何と何をどのくらいの比率で混ぜればいいか、どのように作ればいいかという実験の過程と結果を示している。

(3) 研究について

解答例 炭素繊維複合材料　どのような炭素繊維複合材料を何に使うのが適しているかを研究する

2. 発表用の原稿を作って発表しましょう。

解答例 これからの繊維―複合材料

　　複合材料とは、二つ以上の異なる素材を一つに組み合わせた材料のことです。合成前の素材のもつそれぞれの特性を保ちつつ、合成後は強度や弾性率などが増して、単独では得られなかった機能や性能をもった材料になります。

　　一般の人々は複合材料と聞くと、「高価な材料」「科学的材料」「簡単には見ることのできない材料」などと考えている場合が多いようです。でも、私たちは日々の生活の中で複合材料を目にしていますし、実際に使っています。こちらをご覧ください。これは昔ながらの古い家です。これは土と草で作られています。土と草、これも複合材料です。このように、複合材料は人間の営みの中でごく自然に昔から使われているものなのです。

　　複合材料は現在いろいろな場所で使われています。例えば、交通網、建築、スポーツ、化学、医療、さらに航空産業、軍事産業、エネルギーなどです。航空産業では、宇宙探査設備にはもちろん、航空機のボディのさまざまな箇所に使われています。素材が軽量化すれば、燃費も上がります。そのため強い金属複合材料で作られています。軍事産業も同様です。戦闘機、軍艦、戦車、ミサイルなど強くて軽いものが重宝されます。航空、軍事産業は高価格にもかかわらず、最先端の科学的複合材料が使われています。次はエネルギーです。エネルギー分野でもいろいろなところで複合材料が使われていますが、大学時代風力発電装置の羽根（プロペラのこと）について勉強したので、これについて少し説明したいと思います。この羽根は見た目から金属で作られていると考える人が多いです。しかし、多くの羽根はグラスファイバーで作られています。簡単に言うと、プラスチックです。グラスフィラメント（filaments）と樹脂を使って合成したものが風車の羽根の材料です。グラス繊維複合材料は強度が普通の金属より強く、軽くて、使用時間も長いです。一般的な条件で化学的にも安定しているので、環境にとっても金属よりいいです。周辺の環境条件に合う風車の羽根づくりもできます。

　　炭素繊維複合材料は繊維強化複合材料の一種で、炭素繊維を母材（充填材）として炭素を用いたものです。軽くて丈夫で繊維強化複合材料の特長に加え、化学的にも安定していて、基本的に生体に大きな影響を与えることもなく、熱に強く、約1,600℃まで実用的な強度を保ち、繰り返しの使用に耐えられます。炭素繊維複合材料は複合材料業界で「夢の材料」と呼ばれています。航空産業と軍事産業でたいへん人気の高い材料です。

　　以上のように紹介すると、炭素繊維は夢の素材と思われるかもしれません。しかし、この写真のように普通の布の形状です。この炭素繊維を樹脂と合成すると非常に強い炭素繊維複合材料になります。

　　炭素繊維複合材料は主に航空産業、軍事産業、自動車産業に使われています。最近は空気を必要と

しないタイヤも発明されました。炭素繊維複合材料も徐々にさまざまなところで使用されてくるのだと思います。近い将来、炭素繊維複合材料も安くなって、人間の生活のもっと広いところで使われるようになってほしいです。ご清聴ありがとうございました。

【まとめよう】（p.147）

1. 「専門分野をわかりやすく説明する」ことについてまとめましょう。
   「専門分野をわかりやすく説明する」とはどういうことだと思いますか。

   解答例　・自分が本当に理解しているか、試されること
   　　　　　・一般の人に説明することを考えて、改めて専門を考える機会

2. 発表についてまとめましょう。
(1) 原稿について、工夫したことと実際の出来について感じたことを書きましょう。

   解答例　・専門用語を一般の人たちがわかるように説明できた
   　　　　　・日常生活で普通に使われているもので説明したとたん、聞いている人たちの顔が「わかった」と言っているようだった

(2) 原稿はうまく書けましたか。自己評価をしましょう。

   解答例　3 … 専門のことばは説明する必要がないから、こっちのほうがむずかしかった

(3) 「これは人に自慢できる」という工夫ができましたか。自己評価しましょう。

   解答例　5 … 結構うまくできた。聴衆がわかってくれたとき、とてもうれしかった。
   　　　　　2 … 聞いている人たちの顔に「？」が浮かんでいるのが見えた